古代歷史文化 研究輯刊

十八編

王明蓀 主編

第 17 冊

制度環境、社會資本與家族企業
——一個長歷史時段的商人社會資本視角

陳倩倩 著

國家圖書館出版品預行編目資料

制度環境、社會資本與家族企業——一個長歷史時段的商人社
會資本視角／陳倩倩 著 -- 初版 -- 新北市：花木蘭文化事業
有限公司，2017〔民 106〕
目 4+174 面：19×26 公分
（古代歷史文化研究輯刊 十八編：第 17 冊）
ISBN 978-986-485-196-6（精裝）
1. 社會資本 2. 家族企業 3. 中國
618   106014303

ISBN-978-986-485-196-6

9 789864 851966

古代歷史文化研究輯刊
十八編　第十七冊　　　　　　　ISBN：978-986-485-196-6

制度環境、社會資本與家族企業
——一個長歷史時段的商人社會資本視角

作　　者　陳倩倩
主　　編　王明蓀
總 編 輯　杜潔祥
副總編輯　楊嘉樂
編　　輯　許郁翎、王筑　美術編輯　陳逸婷
出　　版　花木蘭文化事業有限公司
社　　長　高小娟
聯絡地址　235 新北市中和區中安街七二號十三樓
　　　　　電話：02-2923-1455／傳真：02-2923-1452
網　　址　http://www.huamulan.tw 信箱 hml810518@gmail.com
印　　刷　普羅文化出版廣告事業
初　　版　2017 年 9 月
全書字數　166024 字
定　　價　十八編 18 冊（精裝）台幣 36,000 元

制度環境、社會資本與家族企業
——一個長歷史時段的商人社會資本視角

陳倩倩 著

作者簡介

陳倩倩（1985～），女，經濟學博士，山東新泰人，現爲浙江科技學院經管學院講師。南開大學法學、管理學雙學士，浙江大學經濟學博士，2011～2012劍橋大學國家留學基金委公派聯合培養博士生。主要從事家族企業、企業史、儒商研究。

提　　要

家族企業是一種古老的經濟組織形態，在現今中國，以家族企業爲主要形態的民營經濟部門是國民經濟中最有活力的部分。然而，無論是歷史上，還是當下經濟轉型時期，中國家族式企業都處於相對不利的制度環境之中。盡管如此，家族企業在中國卻仍然有著旺盛的生命力。這其中的原因是什麼？近年來，許多研究證明社會資本在企業成長中發揮著重要作用，社會資本對正式制度的替代或補充功能成爲上述問題的一個重要解釋視角。正處於經濟轉型時期的中國，企業成長的制度環境也處於不斷建設和完善之中，因而從動態視角對歷史上和當下的制度、社會資本與企業三者之間的關係進行探討，具有重要的理論和現實價值。在此背景下，本研究將社會資本細分爲基於特殊信任的、權力性社會資本，和基於普遍信任的、市場性社會資本。在此基礎上研究發現，制度環境越是不完善，基於特殊信任的社會資本發揮的替代作用越明顯；但隨著制度環境的改善，這種社會資本的作用降低，基於普遍信任的社會資本的作用則相對提高。這無論在較短的時期，還是更長的歷史時段都有所體現。本研究的發現在理論上有助於更爲深入地理解社會資本與制度環境的關係；家族企業應適時調整社會資本投資策略，政府應創造更爲公平和完善的市場和制度環境，則是本研究的現實啓示。

目

次

第一章 引 言

第一節 研究背景

　　市場制度基礎的一個中心問題涉及國家權力，國家作爲一個實體，能夠保護合同和產權，提供公共物品。但在有足夠的強制權來做這些事的情況下，這樣的暴力同樣可以撤銷保護或沒收私人財產，從而破壞市場經濟的基礎（Greif，2006）。無論是歐洲中世紀，還是中國的明清時期，彼時的國家政權也扮演著這樣的雙重角色，尤其是後者。也就是說，在當時沒有發展出有效的產權保護制度的情況下，商人和私人權益隨時可能受到侵犯。然而在這種制度背景下，商品經濟仍出現了蓬勃發展的盛況，貿易也得以順利進行。明清時期的商品經濟可謂出現了歷史上的一個新高潮，這一時期商品流通領域的一個顯著特點是出現了遍佈全國的地域性商人群體，他們成爲明清時期商品經濟發展的重要力量。在產權保護制度十分匱乏的情況下，是怎樣的替代或補充機制確保了異地商人貿易的順利進行？

　　著名的年鑒派歷史學家布羅代爾主張將歷史研究的眼光放到更長的時段，他認爲「長時段是社會科學在整個時間長河中共同從事觀察和思考的最有用的河道」（Braudel，1958）。同時，North（1990），Aoki（2001）和 Greif（2006）等學者的研究確切地表明，歷史和文化在特定制度路徑的選擇與演進中起著決定性作用。因而將目光拉回當下轉型時期的中國，儘管制度環境已經發生了翻天覆地的變化，但在轉型時期民間商人仍然面臨著極爲不完善的制度環境。適應現代市場經濟的法律、金融等體制幾乎經歷了一個從無到

有的過程。隨著改革進程的不斷深入，許多制度雖然已經建立起來，但實際的落實情況也只是差強人意。作為民營經濟主體的家族式企業，可以說先是在夾縫中生存而後又成長壯大起來的。針對這種情況，Allen et al（2005）提出了這樣的疑問：轉型時期的中國無論是在法制體制還是金融系統上都是相對落後的，但在這種制度背景下，中國的經濟仍然取得了驚人的增長，這與相對不完善的制度環境並不相匹配。尤其是相對於公有制經濟的民營經濟，更是取得了高速的發展，並且對整體經濟做出了巨大的貢獻。這種局面的產生是否是由於存在對正規制度的替代、補充性機制？

　　與歷史上的地域性商幫類似的，民營經濟也體現出明顯的地域性和群體性特徵。針對歷史上歐洲商人群體的問題，Greif（2006）通過研究商人的基爾特組織（merchant guilds）、社會網絡、文化等問題，解釋了商人群體存在和發展的原理。受其啟發，Dessí 和 Ogilvie（2004），Ogilvie（2011），Edward 和 Ogilvie（2012），Dessí 和 Piccolo（2013）等學者從社會資本角度對歷史上的商人群體進行了一系列較為前沿的討論。他們認為歐洲歷史上的基爾特組織中商人成員間產生的共享的規範、快速而精準的信息傳遞、有效的懲罰機制以及集體行動的有效組織等內容正是社會資本研究的範疇。綜合分析 Greif 和 Ogilvie 等學者的研究後，可以總結出商人群體的集體社會資本在商人貿易中扮演了重要角色。在集體社會資本的基礎上，商人群體通過集體行動實現了對產權的界定和保護，從而保證了貿易的順利進行。中國明清時期商幫的產生和發展與 Greif 描述的商人群體的有著極為類似的機理。而對於現代中國私營經濟的崛起，Allen et al（2005）則用關係、聲譽作出了解釋，認為這些非正式的因素對私營部門的發展起到了至關重要的作用。這些非正式的途徑，也即社會資本所研究的範疇。從非正式制度視角，尤其是從商人個人的社會關係網絡、地位、聲譽等社會資本因素出發來探討其與企業、經濟發展的關係，已經成為解釋轉型經濟體制中企業和經濟發展等問題一種重要研究範式。

　　「很難想像一個學術概念像社會資本思想那樣如此迅速地成為社會科學中的普通詞彙」，Dasgupta（1999）對社會資本理論的發展做出這樣的評價。自 20 世紀 80 年代以來，社會資本這一概念受到了來自社會科學領域多個學科的青睞，其應用範圍由社會學向經濟學、管理學和政治學等領域不斷擴展。在經濟學領域，社會資本概念將信任、規範、網絡等非正式制度因素

納入經濟學研究框架，從而進一步拓寬了新制度主義的理論基礎和經濟學的研究思路。社會資本相關理論在經濟學研究領域的引入，對古典經濟學的一些基礎假設提出了挑戰。一直以來，古典或新古典經濟學信奉的一個基本假設是：社會由眾多獨立的個體組成，每個個體的行動都是爲了實現各自的目標，社會系統的活動就是這些個體行動的總和。這一假設在經濟學中被表述爲理想的市場競爭。在 Granovetter（1985）看來，新古典經濟學的這種假設是極端的低社會化（undersocialized）和原子化（atomized）的，在意識到這種假設的欠合理性後，有些經濟學家試圖對這種假設進行修改，但往往又陷入了過度社會化（oversocialized）的另一個極端。在這種背景下，Granovetter（1985）提出了「嵌入」的概念，他認爲經濟活動是嵌入在社會結構或網絡中的。類似的，Coleman（1994）也認爲新古典經濟學描述的利己主義者與現實生活中的人實有不同，這一矛盾已促使一些經濟學家修改經濟理論。在分析 Granovetter 理論的基礎上，Coleman 將其社會結構或網絡視爲一種個人擁有的資本財產，也即社會資本，並將這一概念納入了資本研究的範疇。

社會資本理論在經濟學領域的應用，成果最多的莫過於對企業組織的研究。Burt（1992）被認爲是較早將組織和企業作爲社會資本主要研究對象的學者，他認爲組織的社會關係網絡有利於發揮信息的收集和傳遞功能，有利於組織獲得機會，幫助組織獲取關鍵資源，因而他極力主張將組織作爲社會資本研究的重要對象。在制度環境尚不完善的情況下，作爲私營經濟主要組成部分的家族式經濟組織，則會更多運用非正式的機制來治理企業謀求發展。並且，家族本身就是社會資本的源泉、建立者和使用者（Bubolz，2001），家族成員之間的關係則是社會資本產生的理想環境（Coleman，1988）。在中國，中國儒家文化背景下對權威的尊崇、對「關係」的偏好等特點，更會從基礎上影響到組織行爲（Peng & Luo，2000）。商人或企業家在家族經濟組織成長的過程中起到舉足輕重的作用，並且從根源上講，社會資本產生於個體與個體間的交往，因而作爲家族式企業組織的實際控制者，商人或企業家是企業社會資本研究的核心對象。

中國自 20 世紀 70 年代末以來經歷了三十多年的經濟改革，國民經濟的發展取得了舉世矚目的成就，作爲民營經濟主體的家族式企業在經濟的快速增長中扮演了至關重要的角色。實際上，無論是明清時期的商號商鋪等組織，還是現代的私營家族企業，其實質都是家族色彩濃重的經濟組織。在經濟轉

型時期制度仍然處於不斷建設和完善過程的背景下，商人或企業家們是如何運用其個人的社會資源來謀求企業發展的？企業家可以借助哪些社會經濟團體以獲得利益或維護自己的權益？隨著制度的不斷完善，企業家是否要適時調整自己的社會資本投資策略？這些都是當前中國家族企業面臨的重要現實問題。經濟制度對歷史和文化傳統有著嚴重的路徑依賴，將眼光放到更長的歷史時段，研究歷史上和當代家族商人的社會資本，對家族企業的長遠發展有著重要的借鑒意義。

第二節　內容與框架

　　本研究在將社會資本劃分為集體和個體兩個維度的基礎上，通過歷史的、動態的視角，重點對不同制度環境下家族商人或企業家社會資本發揮的作用進行了考量。

一、社會資本的層次、屬性和分類

　　將社會資本劃分為集體層面和個體層面的社會資本，並對這兩個層面的社會資本物品屬性進行討論，進一步從信任基礎角度對社會資本的性質進行分類，是本研究探討的第一個問題。社會資本長期以來並沒有形成統一的定義和物品屬性界定，主要原因在於不同學科和學者對社會資本研究的層次或維度有所不同。本研究首先在理論分析的基礎上對社會資本的層次進行了界定，綜合分析不同學者觀點後，將社會資本的分為個體層面和集體層面兩個維度。個體層面，或稱微觀層面的社會資本是指從行動者個人的社會關係網絡、結構、地位當中獲取的資源。從這個維度來講，社會資本具有私人物品的屬性。集體層面，或稱宏觀層面的社會資本，是指行動者組成的規模不同的各種社會團體的社會資本，在同一團體內部，成員間共同的信任、規範和價值觀等因素也能夠產生資源功能，從而能夠實現集體行動的施行，維護成員的利益。在這種劃分的基礎上，商人組織或企業組織的社會資本也可以從這兩個維度來考查。進一步，無論是集體層面還是個體層面的社會資本，又由於人們之間不同的信任基礎，社會資本又體現出從血緣、友緣、地緣，逐漸擴展到業緣、市場型或公民型社會資本的一種演變規律，前者建立在特殊或相對特殊信任的基礎上，而後者則越來越體現出一般信任基礎。

二、制度環境、社會資本與家族企業的歷史變遷

以明清時期地域性家族商人群體和現代家族企業為例，從長時段的歷史的、動態的視角探究家族性經濟組織成長的制度環境、家族企業本身的歷史變遷、和社會資本在不同制度環境下與家族企業的關係，是本研究關注的第二個主要問題。許多研究認為，社會資本是在正式制度不完善的情況下的一種替代性或補充性治理機制。然而對這個論點的研究多立足於短時期、相對靜態的分析。明清時期的商幫商號是中國家族企業較為近代的淵源，但目前對當時商人社會資本的關注尚比較缺乏。Greif（2006）對歐洲中世紀商人群體的研究為這一議題提供了一個歷史制度分析的有益視角。並且，制度對歷史、文化和傳統習慣等非正式制度因素有著強烈的路徑依賴（North，1990；Greif，2006）。當代的中國經濟環境雖然發生了翻天覆地的變化，傳統文化也曾遭到很大程度的破壞，但歷史文化傳統對中國人社會關係的形態有著深遠的影響，特殊主義、宗族關係和互惠原則等強固的傳統要素不僅仍然存在，改革開放以來甚至得到了復興的空間（Gold，1985）。家族企業正是借助血緣、地緣和友緣等特殊關係網絡在經濟轉型時期從夾縫中成長起來的。可以說，社會資本給家族企業在制度極為不完善的轉型時期仍得以迅速成長的原因提供了合理的解釋。

然而，隨著市場經濟改革的不斷深入，制度環境畢竟是處於不斷完善過程之中的，因而從動態和發展的眼光來看家族企業的社會資本投資策略是否需要適時調整，是當下家族企業亟待解決的問題。綜上，從歷史的、動態的眼光來探討制度環境、社會資本和家族企業三者的內在聯繫，是本研究關注的重點內容。

三、集體層面的社會資本：明清家族商人群體的集體行動

在分析明清時期地域性家族商人崛起的制度背景和家族商人社會資本的基礎上，以商幫會館為例，探究明清商人集體層面的社會資本在商人對內自治、對外共同抵禦風險上的作用，是本研究重點研究的第三個問題。明清時期出現了中國歷史上商品經濟發展的一個高峰，其中流通領域的商人貿易起到了重要作用。但在明清時期專制主義「超經濟強制體制」（李寶梁，2001）的背景下，缺乏保護商人產權的法律機制，商人的利益，尤其是異地經商的商人的財產甚至人身安全隨時會受到來自經商地強權勢力的侵犯。然而就是

在這種險惡的環境下，明清時期在異地經商的商人群體仍然得到了前所未有的發展，形成了以地域性為特點的「商幫」，而以籍貫地命名的會館或公所的建立在很大程度上是此籍商人成「幫」的重要標誌。會館正是建立在共同的鄉情、規範、信任和價值觀等社會資本基礎上的，可以說，會館在明清商人信息溝通、誠信建立和對外風險抵禦上起到了至關重要的作用。有關商人會館的研究大多集中於對史料的考究上，對會館經濟功能的分析也相對缺乏。因而在前人研究的基礎上，從社會資本的視角對會館的集體行動機制進行探索性分析，是本研究關注的第三個主要問題。

四、個體層面的社會資本：現代家族商人的社會關係網絡

以現代家族商人個人的社會資本為考察對象，對制度環境與家族企業社會資本的關係，以及不同制度環境下社會資本對家族企業績效的影響進行實證研究，是本研究重點研究的第四個問題。用非正式制度的視角來解釋經濟轉型時期中國企業、尤其是民營企業的迅速成長的原因，是近年來企業研究的一個新思路。社會資本作為非正式機制的重要內容，也越來越成為企業研究領域關注的對象。在制度仍然在不斷建設和完善過程中的轉型時期，即使在短時期甚至同一時期內，由於地域發展水平的差異，制度環境也存在著差別。企業家個人的社會資本本身也存在著異質性，基於特殊信任的社會關係有助於獲得一些特殊權利，而基於一般信任的社會關係，則更能體現公平的市場競爭。因而在不同制度環境下，運用上市家族企業數據，考察企業家對異質性社會資本的運用是否存在差別，這種差別是否會隨著制度環境的改善而有所變化，進一步地，這些異質性社會資本對家族企業的企業價值是否有不同的影響，是本研究的第四個主要內容。

五、研究框架

在綜合前述研究內容的基礎上，本研究的研究框架可以總結為下圖：

圖 1.1　理論框架和結構安排

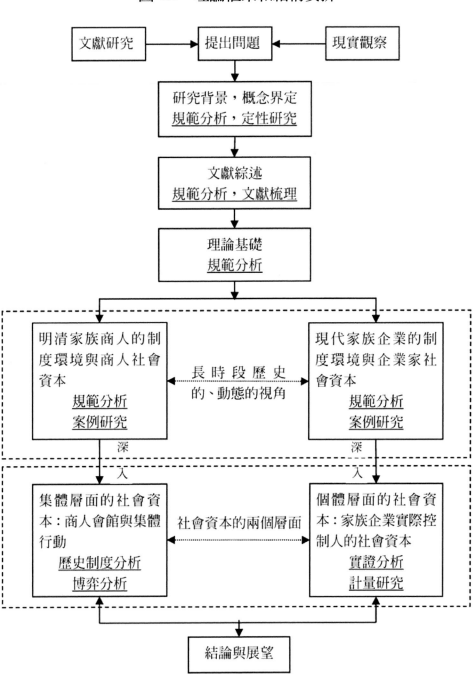

第三節　概念界定

一、社會資本

社會資本概念自提出以來一直沒有形成一個統一的定義，主要原因是不同學科和不同學者所研究的對象不盡相同。但總的來看，從功能屬性上來定義社會資本是目前最有影響力的界定標準（Poder，2011），而這一角度主要是受到 Coleman（1988，1990）、Bourdieu（1985）的影響。從這種實用主義視角來界定社會資本也符合經濟學研究的基本假設。因而，本研究認為社會資本本質上是一種嵌入在社會結構、網絡或關係中的資源。對於社會資本的深入研究，本研究則認為應該根據研究需要對社會資本的層次和屬性進行進一步細化的界定。因而本研究將社會資本劃分個體層面的社會資本和集體層面的社會資本。就家族經濟組織而言，個體層面的社會資本指的是商人、企業家個人的社會關係網絡、地位和聲譽等所帶來的資源，集體層面的社會資本則是指團體中成員間的信任、規範、網絡等所產生的資源。集體層面的社會資本既包括家族企業本身的社會資本，也包括企業的所有者或經營者代表企業參與的商人團體的社會資本，本研究的研究重點在於後者。這一層面的社會資本具體的表現形式是信任、共同的規範、習慣和價值觀等。

二、商人、企業家和家族企業

明清時期地域性家族商人及其商人團體，現代企業家及家族企業是本研究研究的主要對象。但由於歷史時期的不同和不同學科的研究差異，這些主體並沒有統一的稱謂，「企業」這一詞彙是近代才傳入中國的詞彙。但從通用的研究語言英文來講，「家族企業」對應的是「family business」，英文的概念就不存在稱謂不統一的問題。也就是說，無論是歷史上還是現代的家族生意，family business 是英文研究裏統一的稱謂。具體來看，本研究關注的家族商人或企業家是指經營家族生意的實際控制人，明清時期主要是家族商號或商鋪的所有者，現代家族企業則是指企業的實際控制人。家族企業無論明清還是現代，都是指由家族成員所有或控制的、以贏利為目的經濟組織，也即 family business。儘管存在這種差異，但實際上這幾個研究對象本質上都是對家族式經濟組織和其運營者的研究，而不論是集體層面還是個體層面的社會資本，歸根結底是對家族經濟組織的控制者、也即家族商人的研究。

三、制度環境

Scott（1995）認爲制度環境（institutional context／environment）是由各種詳盡的規則和條件所形塑的，個體或組織必須遵守這些規則條款才能獲得合法性和支持。具體來說，制度環境是一個國家或地區的制度發展狀況。良好的制度環境能夠爲國家或地區的經濟發展提供強大的制度支持，不完善或惡劣的制度環境則不利於經濟的發展。從廣義上來講，制度環境既包括正式的制度，如法律、金融等較爲體系化的制度建設，也包括國家政治體制、政策等政府層面的內容，還包括了非正式的制度背景。由於社會資本與非正式制度的密切關係，本研究主要關注的是前兩種制度背景。

第四節　研究方法

一、規範分析和實證分析相結合

規範分析和實證分析是經濟學研究方法的兩條主線。社會資本，制度環境和家族企業都是較爲複雜的概念，對這三者及其內在關聯進行研究分析，需要建立在大量的文獻閱讀、梳理和整合的基礎之上。因而，本研究採取了規範分析和實證分析相結合的研究方法。對社會資本、家族企業和制度環境的歷史演變，層次、屬性和類型特點等內容進行了歸納和界定，如將社會資本劃分爲個體和集體兩個維度，對家族企業的概念在文獻分析的基礎上進行了歸納界定。針對現實現象，在上述規範分析基礎上，運用博弈論和計量檢驗的方法進行了實證分析。如以社會資本爲視角的商人會館集體行動分析，本研究用博弈論的方法進行了簡單的推理；對社會資本、制度環境與現代家族企業的關係做出了假設，通過數據庫、搜索引擎等工具進行了大量一手數據的搜集，利用現實數據進行了實證分析。

二、交叉學科研究

社會資本的興起主要源於社會學領域，並受到了經濟學、政治學、管理學和歷史學等多學科領域的關注，家族企業研究也主要涉及經濟學、管理學甚至心理學等學科，而制度環境則涉及經濟學、政治學和歷史學等多個領域。對這幾個概念及其關係的研究必然涉及跨學科的多個領域，因而，本研究在以制度經濟學分析框架爲主的經濟學分析基礎上，借鑒了社會學、管理學和

歷史學的研究方法。比如社會資本相關分析借鑒了社會學和社會經濟學「嵌入」的概念，在制度演變、家族商人及其組織的分析上則多借鑒了歷史學和經濟史研究的歷史制度分析。這種交叉學科的研究方法有助於對複雜的經濟現象進行更深入的剖析。

三、歷史制度分析

歷史制度分析（Historical Institutional Analysis，Greif 將其簡稱 HIA）主要是由 Greif（1995）推廣開來的，這一分析方法主要是運用微觀經濟理論研究制度及其效率內涵。Greif（1994，2006）在分析史實的基礎上運用經濟學的博弈論方法對歷史上的經濟制度進行了微觀分析，他的這種分析方法受到了經濟史和制度經濟學的密切關注。本研究借鑒了 Greif 的歷史制度分析方法，在對明清時期商人社會資本進行分析時，收集了大量歷史資料，在深入分析歷史資料的基礎上，結合社會資本相關理論，對商人會館的集體行動機制進行了博弈分析，對現代家族企業、制度環境和社會資本進行探究時，也從歷史制度分析的角度進行了梳理。

第二章　文獻回顧

第一節　社會資本理論研究概述

一、社會資本理論研究的演進

社會資本理論研究大致經歷了一個由社會學起步，向經濟學、管理學、政治學等社會科學領域全面展開的發展歷程。本節內容主要以社會資本相關理論的發展演進爲主線，對社會資本理論發展有重要影響的人物及其主要理論進行了梳理和歸納。

（一）國外社會資本理論研究的演進

1. 概念的起源及早期發展（20 世紀 70 年代之前）

從語源上講，「社會資本」並不是個年輕的詞彙，按照 Farr（2004）的看法，馬克思在 1867 年的《資本論》中就提到過「社會資本」（Gesellschaftliche Kapital），但其含義是將眾人的資本集合起來所形成的資本，實際上是物質資本的一種集合形式。馬歇爾 1890 年在其《經濟學原理》一書中也提及了社會資本（Social Capital），但這只是從社會視角來看資本，如基礎設施、公路、橋梁和國家機關等。根據 Portes（1998）的研究，在法國著名社會學家涂爾幹（Durkheim，1893）關於社會整合和集體倫理的制裁能力理論中也曾提到社會資本這一概念。儘管當時社會資本的含義和今日普遍接受的概念有很大出入，但「社會資本」這一詞彙已經出現在經濟學和社會學領域。

到了 20 世紀初，「社會資本」一詞開始出現於教育學領域，教育學家

Dewey 在 1900 年出版的《小學教育手冊》（The Elementary School Record）一書中提到了這一概念，他強調學校應該讓學生更多接觸現實社會。在 Dewey 研究的基礎上，Hanifan（1916）對「社會資本」進行了較爲詳細的闡述，他提出了如何讓鄉村中學成爲社區中心的想法，並對社會資本進行了初步描述：「人們慷慨的行爲，夥伴關係，同情心，以及個人之間、家庭之間的交往形成社會組織……孤立的個體在社會上是無助的……當個體與鄰居開始交往、并進一步拓展時，社會資本就開始累積，可能馬上滿足個體的社會需要，也可能是個體承擔社會責任，社會資本具有持續不斷地改進整個社區中的不穩定性的潛能。」由此可以看出這種說法是最接近目前所流行的社會資本概念的（Woolcock，2010）。因此很多學者將這一概念的創造歸功於 Hanifan。

在 Hanifan 之後，社會資本這一概念沉寂了幾十年後才被重新啓用。不過這次「社會資本」竟然出現在一位著名城市規劃專家 Jacobs（1961）的著作《偉大城市的誕生與衰亡》裏。Jacobs 在解讀上世紀六十年代美國都市的衰敗時提到，城鎮聚居區內存在的密集社會網絡構成了社會資本的一種形式。與 Jacobs 同時，社會學家 Homans（1961）也提到了這一概念。Homans 發現善於交際的小群體能夠不斷擴大並逐漸成爲複雜的組織，而有些則不能。在這些過程中所投入的即是社會資本。到 20 世紀 70 年代，「社會資本」一詞又重新出現在經濟學領域。美國經濟學家 Loury（1977）用社會資本來分析城市貧民區的經濟問題，他認爲社會環境對個人和群體經濟行爲及其成敗有著重要影響。由於黑人居住區缺乏社會聯繫，商業就難以發達。這已經非常接近現在社會資本的主流含義，但此時 Loury 的社會資本概念尚不是很明晰。

社會資本概念在這一百餘年的發展中零散的分佈於不同學科，這一時期社會資本研究尚處於萌芽階段，還未得到重視，具體形式也沒有得到明確界定，只是進行了模糊的列舉。但正是由於社會資本在各學科都閃現過，這也爲後來社會資本研究的全面展開找到了理論淵源。

2. 社會學領域突破性發展階段（20 世紀 80 至 90 年代）

20 世紀 80 年代以後，社會資本在社會學領域有了重要突破，並且開始引起社會科學其他領域的關注。由此，這一沉寂百年的概念終於引起了廣泛的重視。下面就社會學領域的幾位比較有影響的學者及其理論進行簡要概述和評價。

布爾迪厄（Bourdieu）的資源觀

法國著名社會學家 Bourdieu 較早系統地論述了社會資本。Bourdieu（1980）認為，資本是一種積累的勞動，個人或團體通過佔有資本，就能夠獲得更多的社會資源。他把社會資本定義為社會網絡成員或群體擁有的實際和潛在的資源總和（Bourdieu，1986）。對於某一個社會成員而言，社會資本的數量取決於兩個因素：一是他所屬的網絡的規模，二是網絡中每個成員所佔有的各種形式的資本的數量。他認為對社會資本的理性投資總會是有利可圖的（Bourdieu，1984）。並且，社會資本具有高度的自我增值能力，如果能夠運用得當它將會是高度生產性的（Bourdieu，1986）。Bourdieu 看到了人們對壟斷的經濟資本與社會權力的掠奪，分析了個體花時間建立自己的社會關係網絡的原因，這使他的理論能夠很好地解釋現存的世界。但是，從經濟分析的角度看，Bourdieu 關於經濟資本與社會資本之間的關係並沒有界定清楚。

科爾曼（Coleman）的功能觀

社會學家 Coleman 也是研究社會資本理論最有影響的學者之一。Coleman（1988）認為社會資本是「由社會結構的某些方面組成，有利於行為者的特定行為」的物質，利用社會資本的主體即可以是個人，也可以是法人。後來，Coleman（1990）更加強調了其資本屬性，認為社會資本的定義由其功能而來，指個人擁有的以社會結構資源為特徵的資本財產。之後，他在《社會理論的基礎》（1994）一書中對社會資本進行了詳細地闡述。Coleman 認為，每個自然人從一出生就擁有了人力資本、物質資本和社會資本三種資本。其中社會資本是由自然人所處的社會環境所構成的。社會資本可以為個人擁有，並且社會資本與其他形式的資本一樣具有生產性；行動者擁有社會資本可能會決定其能否實現某些工具性行動。Coleman 指出社會資本的表現形式有以下幾種：義務和期望，信息網絡，規範和有效懲罰，權威關係，多功能社會組織和有意創建的社會組織。Coleman 的理論強調社會結構對經濟個體的影響，並對社會資本的經濟和社會治理的功能也進行了研究。Coleman（1988）認為所有社會資本形式都有兩個共同的特點：一是它們都構成社會結構的一些方面，二是它們都為社會結構中的行動者的某些行動提供便利。Coleman 認為有的社會結構中人們更強調社會交換，而在有的社會結構中人們對其他人的依賴則較少，人情債也就會相對較少。Coleman 對社會資本研究是具有開創性和啟示性的。

在社會科學領域，社會網絡理論是並行於社會資本理論的另一重要理論。社會網絡理論更易於運用各種研究方法和工具進行測量，因而在社會學和管理學領域有較大的應用。在社會學領域，德國社會學家齊美爾（Simmel，1903）被認為開創了社會網絡理論。由於社會網絡理論和社會資本理論有著很大的交集，在 20 世紀 80 年代，有些學者把兩者的研究結合起來，這對社會資本研究產生了重要影響。其中影響最大的是以 Granovetter、Lin、Burt 和 Portes 為代表的社會網絡學派。前兩者提出並發展了社會網絡與社會資源理論，Burt 提出了著名的「結構洞」理論，Portes 則對社會網絡分析進行了系統研究。

格蘭諾維特（Granovetter）的弱關係和嵌入理論

Granovetter 對社會資本相關研究的貢獻主要在於，他提出了著名的「弱關係」和「嵌入性」的概念，其中後者對社會資本的後繼研究產生了尤為重要的影響。早在 1973 年，Granovetter 就在社會關係研究方面提出了「弱關係」理論。他在研究求職行為時發現，找工作時真正有價值的信息往往是通過個人的一般親戚朋友（弱關係）獲得的，而不是通過關係密切的親戚或朋友（強關係）。也就是，關係較疏遠的人由於具有較強的異質性，可能掌握更有效的信息（Granovetter，1973）。這與中國傳統的「熟人社會」或「差序格局」視野中注重強關係作用則有著很大的區別。

Granovetter（1985）又提出了「嵌入性」概念，用來解釋社會資本。其「嵌入」思想是源於社會學家 Polanyi（1944）提出的「embeddedness」觀念。「嵌入性」後來成為新經濟社會學的標誌性概念。Granovetter 認為應該從具體的社會關係入手來解釋人們的經濟行為，行動者的經濟行動是受社會結構定位的（situated），個體行動嵌入於個人關係網絡之中。因此，分析經濟行為不能僅僅從行動者的目標函數出發，而應從行動者所在的社會網絡結構出發，分析行動過程中行動者與其他網絡成員之間的相互影響和相互制約作用。Granovetter 把嵌入性分為關係型嵌入和結構性嵌入兩種，正是這兩種嵌入性，使得經濟行動者之間產生了信任與互動，限制了機會主義行為，保證了交易的順暢進行（Granovetter & Swedberg，1992）。「嵌入性」理論的提出改變了人們對經濟行動和社會行為的傳統認識，認為必須要考慮到社會關係層面，這使得審視經濟現象背後的形成機理跳出了傳統經濟學研究的窠臼（游家興和劉淳，2011）。

林南（Nan Lin）的社會資源觀

　　林南對社會網絡和社會資本進行了一系列研究，他不僅在社會資本理論上有重要突破，在實證研究上也做了很大的努力。林南等人在 Granovetter 理論研究的基礎上，很早就提出了「社會資源」理論。他們認為，社會資源是那些嵌入在個人社會網絡中的資源，這種資源不為個人所直接佔有，而是通過個人直接或間接的社會關係而獲取。擁有社會資源可以幫助個體更好地滿足自身生存和發展的需要（Lin，Dayton & Greenwald，1978）。這與當時的「社會資本」概念已無太大差異。在後來的研究中，林南也將「社會資源」稱為「社會資本」。關於定義，林南（1999）認為社會資本有三個特質：它是一種資源；它嵌入在社會關係中而不是個人的資源；它與人的行動聯繫在一起。每個人都能夠通過行動去喚起這些特殊的資源，從而使這些資源資本化。林南還預測到計算機、互聯網的普及為社會資本研究者提供了另一重要陣地。他認為計算機網絡基本上是關係性和嵌入性資源，所有形式的資本發展的範圍和效用都可以在計算機網絡中考察到。這種新制度和文化為人力資本和社會資本間的互動提供了一種新的基礎。他進而認為，社會資本是否和如何在意識、影響和市民社會方面超過個人資本是研究者們需要解釋的。在此意義上，他認為社會資本可能是擴張的和全球性的（Lin，1999，2001）。林南對中國社會學領域引進「社會資本」研究起到了重要作用，自上世紀 80 年代林南就在中國一些高校開展相關課程並進行實地調研。然而林南的研究在當時並沒有引起廣泛關注，可能是因為大家更多關注了當時聲名鵲起的 Putnam 的著作（Midgley，2003）。

博特（Burt）的結構洞理論

　　Burt（1992）提出了「結構洞」（structural hole）概念，這個新穎的提法立即引起了許多人的重視。對結構洞較為形象的解釋可以這樣描述：在一個網絡中，B、C 都和 A 有聯繫，若 B 和 C 缺少直接聯繫，則須經過 A 才能聯繫到一起，那麼 A 就這個人際網絡中佔據了一個結構洞，結構洞越多，A 的地位就越重要。所以經濟人會盡力發展自己人際網絡中的結構洞。而對社會資本，Burt 是這樣定義的：社會資本是網絡結構為網絡中的行動者提供信息和資源控制的程度，「朋友、同事以及更一般的熟人，通過他們獲得使用金融和人力資本的機會」（Burt，1992），這是一種「結構洞的社會資本」。受到經濟學思想的影響，Burt 把社會網絡看作一種可以謀取利益的工具和一種投

資行為，其實際效果便是產出，在此基礎上，Burt 從效率的角度提出了結構洞的效率與績效的問題。Burt 還使社會網絡研究擴展到組織研究領域，尤其是對經濟學和管理學界產生了很大影響。如果說 Coleman、Bourdieu 和 Putnam 等學者強調緊密聯繫的網絡是社會資本出現的條件，Burt 則強調相反的情況。在他看來，正是聯繫的相對缺乏推動了個人的流動、信息的獲得和資源的涉取（Burt，1992）。Burt 可以說是社會網絡功利性研究思路的一個傑出代表。

波茨（Portes）自我嵌入觀點

Portes 對社會資本提出了精緻和全面的表述。在他看來，社會資本是「個人通過他們的成員身份在網絡中或者在更寬泛的社會結構中獲取稀缺資源的能力。獲取能力不是個人固有的，而是個人與他人關係中包含著的一種資產，社會資本是嵌入的結果」（Portes，1998）。在上述定義的基礎上，Portes 擴大了社會資本的概念，把社會網絡本身的特徵也包括了進去。Portes 還把社會資本概念從自我中心層次擴展為更宏觀的社會結構影響的層次。Portes 的社會資本理論的價值表現在：首先，他詳細闡述了不同主體之間社會聯繫特徵的差異，他把這些差異解釋為包含自我在內的社會網絡不同特徵的結果和嵌入網絡的程度或類型的結果。其次，他區分了社會資本結構化背後的不同動因，從而使我們可以從自我嵌入的視角出發，用各種不同的動力、動因和社會結構理論系統地闡述社會資本概念（張文宏，2003）。

3. 社會科學領域的全面展開（20 世紀 90 年代至今）

至上世紀 90 年代，社會資本相關研究開始打破社會學領域一枝獨秀的局面，在社會科學其他學科如經濟學、政治學、公共管理等領域得到全面發展，社會資本研究進入了一個新的高峰。下面就各領域最具代表性的人物及其主要觀點進行簡介。

普特南（Putnam）的民主治理研究

上世紀 90 年代，哈佛大學社會學教授 Putnam 對社會資本的相關研究使這一概念引起更加廣泛的關注。Putnam，Leonardi & Nanetti（1993）經過對意大利長達 20 年的研究後寫成《使民主運轉起來》一書，書中提到了社會資本概念。Putnam 等人運用新制度主義研究方法解釋了現代意大利南北政府績效的差異。他們發現僅將這些差異歸結為南北方經濟現代化程度的不同是有很大的局限性的，而公民生活的差異在解釋制度成功方面有著關鍵性的作用。

他用「社會資本」一詞來形容公民組織的發達程度,「社會資本」越豐富,民主越健康。只有一個充滿著活躍公民組織、團體的社會政治民主才能健康運行。Putnam 將社會資本理解為社會組織的某種特徵,例如,信任、規範和網絡,它們可以通過促進合作行動而提高社會效率。

此後,Putnam 又連續發表《繁榮的社群:社會資本和公共生活》(1993)、《獨自打保齡:美國下降的社會資本》(1995)等文章,並以《獨自打保齡球》為名出版了專著(2001),在這些作品裏,他對美國的自發社群組織、公眾參與和「公民心」的變化狀況作了大量的評論。在他看來,社會資本的存量是一個社區中人們參加、參與社團活動的水平。他用參與投票、婦女選民聯盟、宗教群體等團體活動指標來分析公民的政治參與模式,得出了在1960 到 1990 年代美國社會資本急劇下降的結論,這種下降威脅到了社會的自由與繁榮(Putnam,1993,1995,2001)。Putnam 的觀點一問世,即得到了廣泛討論。Putnam 將社會資本的應用擴展到更大規模的民主治理研究、甚至政治與經濟發展之中。其理論邏輯可以歸結為:社團→溝通合作→平等交換規範→互信→社會資本→政治與經濟發展。

Putnam 的觀點引起了眾多的爭論,如有批評者指出,Putnam 的社會資本測量指標忽略了其他類型的公民行動,比如在很大程度上忽略了跨階級和組織的動力。但在這場爭論的推動下,社會資本被看作是一個重要的經濟社會學課題,並引起了跨學科研究的廣泛興趣。此後,關於社會資本的討論進入了一個高潮,並進一步引發了社會科學其他領域對社會資本研究的廣泛關注。

武考克(Woolcock)的整合性研究

Woolcock 自 1998 年以來在世界銀行發展研究組(Development Research Group)對社會資本與經濟發展的關係進行了一系列研究(Woolcock,1998,2000,2010;Woolcock & Narayan,2000)。Woolcock(1998)認為通過社會資本,人們「又一次找到了一種存在於公開的和建設性的爭論中的共同語言,一種在過去的 150 年中受到狹隘的學科主義嚴重壓制的語言。」他認為社會資本有不同的類型,而且它們會共同成為最優化的而不是最大化的資源,正是微觀和宏觀層次上不同類型社會資本的聯合決定了成本與收益之差是偏向前者還是後者。主體的社會資本的差異不僅僅表現在社會資本存量上的差異,更重要的是來自結構上的差異。有關社會資本的變遷問題,Woolcock 認為變遷受主體行為的影響是隨時隨地都在發生的,這種變遷,既有可能是由

低水平向高水平的社會資本結構變遷，也有可能是由高水平向低水平的變遷，當社會資本結構水平滑落到一定程度的時候，它就會對主體的經濟活動帶來不利。Woolcock 高度肯定了社會資本的經濟學意義，他對社會資本和經濟發展所做的整合性討論，為社會資本理論梳理提供了重要的參考。

奧斯特羅姆（Ostrom）的集體行動視角

Ostrom 在社會資本研究領域也做出了積極的貢獻，她認為社會資本是關於互動模式的共享知識、理解、規範、規則和期望，個人組成的群體利用這種模式來完成經常性活動（Ostrom，2000）。針對市場失靈和政府失靈，社會資本具有解決集體行動悖論的巨大潛力。通過非正式網絡建立起來的信任、互惠、習慣和規範可以補充市場信息不完全的局限，社會資本被看成是理解經濟發展的「被忽視的一環」和極其重要的因素；通過非正式網絡，社會資本被看成是降低社會治理成本，減少官僚制危害，提高社會治理水平的基本途徑（Ostrom，1994，2000；Ostrom & Ahn，2009）。在 Ostrom 看來，社會資本概念是理解個體如何實現合作、如何克服集體行動問題以達到更高程度的經濟績效的關鍵所在。這一思路和著名製度經濟學家青木昌彥（Aoki，2001）是一致的。可以說，解決集體行動問題，把社會資本當作一個制度分析工具，是目前社會資本理論之所以影響廣泛並日漸走向深入的主要原因（何歷宇和曹沛霖，2005）。

不少學者一直反對或者以極其謹慎的態度對待社會資本這一概念，於是 Ostrom 專門寫了《社會資本：流行的狂熱抑或基本的概念？》（2000）一文來為社會資本正名，提出「認真理解社會資本並避免使之成為流行的狂熱是非常重要的」。她認為，所有資本都是發展所不可缺少的，社會資本是自然資本、物質資本、人力資本的必要補充。

福山（Fukuyama）的信任和文化視角

Fukuyama 是近些年在社會資本領域比較有影響的學者。尤其是他從文化的視角對社會資本進行了審視。不過 Fukuyama 早在 1995 年發表的論文《社會資本與全球經濟》中，便提出了他的社會資本觀。1996 年，又出版了《信任：社會美德與創造經濟繁榮》一書，從信任、跨學科和跨文化的角度對「後歷史」時期的全球經濟生活作了全面的透視。Fukuyama 認為，「社會資本是一種有助於兩個或更多個體之間相互合作、可用事例說明的非正式規範」（Fukuyama，2001）。Fukuyama（1996）關於社會資本的理論可以概括為三

句話：文化因素對經濟發展很重要；社會資本就是文化所提供的信任程度；信任程度高的國家能發展出現代私營大企業因而發展順利。根據這一分析框架，福山把一些高社會資本國家（美、日、德）的發展歸入符合歷史潮流之列；而將另一些低社會資本國家（中、法、意）的發展歸入不適應全球化歷史潮流之列。他的這種解釋給不同地區經濟發展提供了另一種思路，但 Fukuyama 與 Putnam、Ostrom 一樣，是從宏觀層面來理解社會資本的內涵的。並且他所認爲的低社會資本的東亞國家實際上在全球化潮流中扮演著越來越重要的角色。

　　綜上，在 1997 年之前的社會資本理論，其研究成果基本上圍於社會學領域，應用範圍存在較大的限制性。1998 年後，社會資本理論的研究在更廣的範圍內取得了較迅速的發展。近幾年來，有學者對社會資本相關研究進行了總結，如牛津大學出版社於 2008 年出版了由 Castiglione，Van Deth 和 Wolleb 三位學者主編的《社會資本手冊》，收錄了林南等學者的 23 篇論文；2009 年由 Gert Svendsen 和 Gunnar Svendsen 主編的《社會資本手冊：社會學、政治學和經濟學三架馬車》也於 2009 年出版，裏面收錄了包括 Ostrom 等學者的 24 篇論文；2016 年由 Hans Westlund 和 Johan P. Larsson 主編的《社會資本和區域發展手冊》（Handbook of Social Capital and Regional Development），收錄了 19 篇社會資本和一些國家和地區發展關係的相關文章。

（二）中國社會資本研究概況

　　中國社會資本研究的開展相對較晚，大致從上世紀 80 年代中期才由國外引入，90 年代也只有零星文章提到這一概念，直到新世紀以後才出現大量文獻。經過三十年的發展，社會資本在中國的研究從簡單由西方學術界引進，再到目前在社會科學領域全面展開，湧現出了一批做出重要貢獻的學者。下面就較有影響的學者及其觀點進行簡單介紹。社會資本研究在中國的開展與國外一批知名學者有著密切關係。上世紀 80 年代，林南就在南開大學、北京大學等高等院校講授社會網絡理論和研究方法，並且帶領一批學者進行實地調研。1980 年代中期以後，林南等人通過與國內社會學者的合作研究項目，將社會網絡分析的理論和研究方法運用到大規模問卷調查項目中。但此時的社會資本研究主要還是以社會網絡爲工具而進行的調查研究，尚處於比較零散的階段。

　　邊燕傑是較早對中國的社會資本和社會網絡進行研究的學者，對社會資本在社會學、經濟學、企業研究和就業研究等領域都有很大的影響。自上世紀 80 年代末，邊燕傑就追隨林南教授進行了一系列調研。1997 年，邊燕傑在

《美國社會學評論》上發表《找回強關係》（Bian，1997），分析了中國計劃體制下城市工作分配製度中的間接關係、網絡橋梁和求職三者之間的關係。此後，邊燕傑在此基礎上對職業和關係網進行了進一步的研究，對網絡結構觀、弱關係、強關係、社會資源理論、社會資本理論、結構洞理論及其經驗發現做出了精鍊的概括。此外，邊燕傑對社會資本的概念、關係社會學和城市居民社會資本等方面也進行了探索（邊燕傑，2004；邊燕傑和張磊，2006；邊燕傑，劉翠霞和林聚任，2004；邊燕傑，2010；邊燕傑等人，2012；邊燕傑和郝明松，2013）。隨著社會資本概念的引入，一系列介紹社會資本相關理論的綜述性文章逐漸見諸於期刊甚至報紙這種更加大眾的媒介。比如楊雪冬（1999）從制度的角度對西方社會資本的研究脈絡進行了介紹，並對社會資本研究在中國的應用進行了展望；肖鴻（1999）對西方社會網研究的形成和發展、基本原則、主要理論、研究方法和經典的實證研究作了系統的介紹；張文宏（2003）對西方研究社會資本的幾位權威學者的理論、社會資本的測量及其局限性進行了比較全面的介紹；馬得勇（2008）對社會資本的不同概念進行了辨析並進行了自己的重新界定。

除了國內學者自己的介紹性文章以外，值得注意的是一些對國外文獻的翻譯和彙編作品對國內社會資本的研究起到了重要的作用。比較有影響的有三部作品詳見於下表 2.1。如《社會資本與社會發展》彙編了 Ports、Putnam 及 Woolcock 等學者的 17 篇文章，涵蓋了社會資本綜述、社會資本與經濟發展、社會資本和民主政治的關係等領域；《走出囚徒困境：社會資本與制度分析》則從制度分析的視角收錄了 Ostrom、Fukuyama 等人的 15 篇文章；《社會資本：一個多角度的觀點》從理論基礎、制度分析及統計分析等角度收錄了 Arrow、世界銀行的研究等 13 文章。

表 2.1 介紹國外研究的彙編及翻譯代表作品

編 譯 者	書 名	出 版 社	出版年份
李惠斌和楊雪冬編	社會資本與社會發展	社會科學文獻出版社	2000
Putnam（王列和賴海榕譯）	使民主運轉起來：現代意大利的公民傳統	江西人民出版社	2001
曹榮湘 編	走出囚徒困境：社會資本與制度分析	上海三聯書店出版社	2003

Dasgupta & Serageldin 編（張慧東等譯）	社會資本：一個多角度的觀點	中國人民大學出版社	2005
林南（張磊譯）	社會資本：關於社會結構與行動的理論	上海人民出版社	2005
Putnam（燕繼榮審校，劉波、祝乃娟和張孜異等譯）	獨自打保齡：美國社區的衰落與復興	北京大學出版社	2011

資料來源：據文獻整理

　　綜上，國內社會資本研究目前主要有以下幾個特點：第一，早期多爲介紹性研究，近年來應用性研究不斷湧現，如社會調查、對國外理論直接應用的實證性研究；第二，呈現百花齊放的局面。社會資本理論引入時在國外已經得到了很大發展，傳到中國則很快由社會學擴展到經濟學、管理學、公共管理學和政治學等領域，尤其以經濟管理領域的研究爲多；第三，主要以應用爲主，在理論創新上仍值得期待，尤其是立足於中國本土情境的創新性研究。

二、社會資本的定義

　　社會資本的定義是一個很有爭議的問題，但經過對國內外眾多有重要影響的學者的概念進行梳理和分析之後，大體可以劃分爲幾種類型：資源說、網絡說、關係說、能力說、強調規範和制度的綜合說，以及其他，如社會資本是一種商譽、系統、同情等，具體情況見表 2.2。但總的來說，以資源爲核心的、綜合性的定義應用最爲廣泛。

表 2.2 社會資本定義的梳理

	學　者	定　　義
資源	Bourdieu（1985）	社會網絡成員或群體擁有的實際和潛在的資源的總和。
	Baker（1990）	參與者從特殊的社會群體中獲得的資源，利用這些資源群體成員可以獲得自身的利益。
	Nahapie & Ghoshal（1998）	鑲嵌在由個體或組織擁有的關係網絡中的現實和潛在資源的總和。
	Lin（2001）	行動者在目的性行動中獲取和使用的嵌入在社會網絡中的資源。是「通過社會關係獲取的資源」。

網絡	Inglehart（1997）	一種信任和容忍的文化，在其中形成自發聯合的廣泛性網絡。
	Pennar（1997）	影響個人行為從而影響經濟增長的社會關係網絡。
	張其仔（1997）	等同於社會網絡
關係	Loury（1992）	人們之間自然形成的社會關係，用以保持社會的不公平，促進或幫助獲得市場中有價值的技能或特點的人之間自然產生的社會關係。
	Hitt，Lee & Yucel（2002）	社會資本是指能促進個人之間和組織之間的行動並進而創造價值的各種關係
能力	Portes（1993）	處在網絡或更廣泛的社會結構中的個人動員稀有資源的能力。
綜合：規範、關係、制度等；都強調規範性	Coleman（1990）	「社會資本的定義由其功能而來」，是指個人擁有的以社會結構資源為特徵的資本財產。
	Putnam（1993）	能夠通過協調的行動來提高社會效率的信任、規範和網絡。
	Fukuyama（1995）	一個群體的成員共有的一套非正式的、允許他們之間進行合作的價值觀或準則，強調信任。
	Woolcock（1998）	存在於個人社會網絡中能帶來互惠的信息、信任和規範。
	Ostrom（2000）	社會資本是關於互動模式的信任、慣例、社會網絡，共享知識、理解、規範、規則和期望。
	邊燕傑（2004）	從三種不同的角度來界定，社會資本即社會網絡關係，社會網絡結構，社會網絡資源。
其他	Adler & Kwon（2002）	一種個體或群體可以利用的商譽（goodwill），存在於社會結構和人際關係之中，它可以使信息、機會和知識在網絡中更好地流動。
	Routledge & Amsberg（2003）	將社會資本定義為在囚徒困境博弈中的合作均衡的存在。
	Brown（1999）	按照構成社會網絡的個體自我間的關係類型在社會網絡中分配資源的過程系統。
	Bowles & Gintis 2002）	遵守某一社區規範且依此規範懲罰不遵守該規範的成員的意願。
	Robison，Schmid & Siles（2002）	在交換關係中，一個人（或群體）對於另一個人（或群體）的同情，這種同情可能會產生潛在的利益、好處和優先待遇。

資料來源：據文獻整理

三、經濟學視域的社會資本研究

　　如前所述，社會資本這一概念的淵源實際上可以追溯到經濟學領域。由於社會資本直接關係到國家或地區社會經濟的發展，眾多社會學以及政治學領域的學者也會或多或少關注到社會資本與經濟發展的問題，反而是經濟學領域的學者一開始對社會資本的概念保持了謹慎或觀望態度。下面就經濟學領域對社會資本引入的爭議和研究情況做簡單梳理介紹。

（一）經濟學領域對社會資本的爭議

　　社會資本在經濟學領域的研究雖然數量也越來越多，但目前社會資本研究仍然沒有進入主流經濟學研究的大框架之下。究其原因，這與經濟學家們對社會資本的謹慎態度是密切相關的。儘管如此，更多經濟學者還是保持了寬容的態度。下面就具有代表性的經濟學者觀點進行簡單介紹。

　　Arrow（2000）對社會資本的態度是比較消極的，他極力主張放棄資本和術語「社會資本」的隱喻說法。Dasgupta（1999）認為，社會資本的觀點在當代經濟思想中處於尷尬地位，它難測試，並不是因為社會資本的數據量極其微小，而是因為不能清楚地確定應該測試的對象，並且其成份變化多端。因而，應該特別避免用社會資本這一概念解釋所有問題，也不能等同於物質資本、人力資本、知識資本和環境資本。他認為有時不如繼續用「制度」來進行相關的經濟研究更合理，對社會資本相對應的，也就是「非正式制度」。Solow（1999）則相對寬容，他認為社會資本研究者試圖理解某種難解、複雜且重要的東西：一個社會的制度和共有的態度與其經濟動作方式是如何相互作用的。並認為「這是一件吃力不討好的工作，但總得有人去做；而主流經濟學卻清高地避開了這一任務」。他希望有人能做好研究社會資本的工作，但對於當前只有模糊的想法和偶然的經驗結論感到比較失望。Sobel（2002）認為，儘管這個概念被很多學科的學者賦予了他們各自的含義，但是經濟學家仍然可以從社會資本理論中獲得很多的收益。他認為經濟主體的網絡、團體行為以及階層和信任等概念可以為經濟學者們解釋經濟現實提供更為豐富的原因。

（二）社會資本對「資本」概念的發展

　　社會資本是隨著「資本」概念的語義變遷和理論深化而發展起來的。從經濟學的角度看，資本是在追求利潤為目標的行動中被投資和動員的資源。

最初，古典經濟學的資本僅指資金和生產要素。19 世紀 50 年代，馬克思對資本的認識進行了深化，他認爲資本不是物，而是一定的社會歷史關係，是商品生產和交換過程中產生的剩餘價值。進入 20 世紀 60 年代，經濟學界對於「資本」的認識從實體性概念過渡到了非物質性概念。Schultz（1960）和 Becker（1962）奠定了人力資本理論的基礎。隨著「資本」內涵的越來越豐富，經濟學家逐漸認識到經濟是社會的一部分，經濟受到制度和非制度因素的影響。Loury（1977）在經濟學領域首次提出了「社會資本」的概念，他認爲存在於家庭關係和社區組織之間的社會資本也是一種重要的資源，當時並沒有引起經濟學界的重視。直到 20 世紀 80 至 90 年代，以 Bourdieu、Coleman 和 Putnam 等爲代表的社會學家正式提出「社會資本」概念之後，社會資本概念才在社會科學領域引起了廣泛的重視。社會資本類似於物質資本、金融資本和人力資本，因爲它能夠促進經濟進步、有助於控制經濟資源。在林南（2005）看來，社會資本是一種社會資源，但是其最終也可以由物質財富（如土地、房屋、汽車和金錢）和象徵財富（如教育、受人尊敬的學位和聲望）等來衡量。對資本概念的發展進行梳理後可以看出，經濟學對「資本」的研究先後經歷了專注於物質資本階段，將物質資本與人力資本並重階段，目前正經歷著資本概念的社會化，也即物質、人力、社會資本概念並重的階段。

（三）經濟學視域的社會資本研究梳理

隨著相關研究在社會科學領域的全面展開，經濟學的社會資本研究又成爲最受關注和成果最多的領域。但目前經濟學領域的研究並沒有像社會學領域一樣形成比較成熟化的體系，尚處於比較零散的狀態。下面就有關社會資本與經濟發展的關係，以及社會資本的經濟學分析等研究情況進行梳理介紹。

1. 經濟學領域對社會資本較爲籠統的研究

前面提到在 20 世紀 70 年代，Loury（1977）就從經濟學視角分析社會資本與城市黑人貧民區的經濟發展問題，但當時還沒引起重視。研究發現黑人居住在惡劣的社會環境中，這種環境只能爲他們提供工作機會的有限信息，並且缺乏亞裔美國人和其他種族社區所存在的那種信任和社會聯繫，這給黑人小型工商業發展的相對落後提供了充足的理由。Stiglitz（1999）對社會資本的經濟學意義作出了肯定。他對社會資本的特點進行了概括：一，社會資本是一個非常有用卻複雜的概念；二，一個社會的社會資本的構成、質量和數量並不必然是最優的；三，社會資本受到發展過程的影響，反過來也影響發

展過程；四，在社會資本的提高中，存在著重要的公共角色，但誰來擔當這種公共角色，以及這種公共角色應當如何擔當，這些問題仍然需要大量的思考。Glaeser et al（2000）先用實驗方法對作為社會資本關鍵因素的信任進行了研究，後來，Glaeser，Laibson & Sacerdote（2002）又用經濟學分析方法研究了社會資本的投資收益問題，並探討了影響社會資本形成的因素。他們認為原有社會科學的研究方法在研究起始階段妨礙了對社會資本形成原因的正確理解。因此，他們試圖建立一個社會資本形成模型，從而把社會資本納入經濟學研究的基本規範。

以人力資本理論著稱的經濟學家 Becker 也沒有忽視社會資本的研究，Becker & Murphy 在 2000 年出版的《社會經濟學：社會環境中的市場行為》一書中，實際上就以社會資本為主線，對社會力量和市場行為的關係進行了一系列探討。Becker 用「社會市場」一詞來指代不僅僅是經濟學裏通常的市場行為，試圖通過經濟學的理論來解釋社會市場中的各種行為，或者說社會市場是對經濟學意義上的市場的有益補充。

2. 微觀和宏觀角度

牛津大學經濟系教授 Collier（1998）對於社會資本的作用機制進行了較為深刻的微觀經濟學分析。他不僅詳細分析了社會資本的作用機制，還在前人研究的基礎上進行了綜合的論述，他認為，四種類型的社會組織：單向關係、網絡、俱樂部和科層組織，它們相互作用產生了三類外部性：知識、機會主義和「搭便車」行為。而社會資本則減少了這些機會主義行為，原因是：首先，社會資本有利於個體的知識傳播，通過重複交易建立信任與聲譽機制，可減少機會主義行為；其次，社會資本有利於技術和市場知識的傳播，從而減少信息傳遞的市場失靈。知識的傳播可以通過網絡和俱樂部中的共享信息來實現，也可以通過模仿來實現；最後，依照規範和準則，社會資本可以減少「搭便車」行為，促進集體行動。

有關宏觀經濟學對社會資本與經濟發展關係的討論，Dasgupta（1999）認為，對其討論最初來源是 Fukuyama 和 Solow 關於社會資本和「餘項」關係的見解。福 Fukuyama（1995）和 Solow（1995）認為，如果社會資本對解釋經濟發展是重要的，那麼就應該在增長核算的「餘項」中有所表現。Dasgupta（1999）對此進行了模型化處理：現代經濟增長理論運用以下函數概括物質資本、勞動力以及其他因素與經濟發展的關係：$Y=AF\ (K，L)$。其中，Y 表示國民生產總

值，K 表示物質資本，L 表示勞動力的數量，A 包含了除物質資本和勞動力數量外的因素。函數 F 的性質是基於完全競爭市場假設的，即對物質資本和勞動力數量等生產要素的一階導數，等於這些要素在完全競爭市場上的實際價格。因此，如果產出的某些可觀察得到的變化沒有被歸結為影響產量的任何可衡量的要素，就稱之為「餘項」。把公式兩邊對時間求微分後，可以得到：$d (lnY) / dt = (AKFK / Yl d (lnK) / dt + (ALFL / Y) d (lnL) / dt + d (lnA) / dt$。其中，$d (lnA) / dt$ 就是所謂的「餘項」。社會資本應該在「餘項」中表現的含義是，一個經濟體的時間序列數據或者不同經濟體的截面數據中，物質資本和勞動力的增長不能完全解釋國民生產總值的增長，即 $d (lnA) / dt \neq 0$。

3. 演化經濟學角度

　　基於決策模型的演化經濟學思路，Antoci，Sacco &Vanin（2001）構造了一個決策模型來分析社會資本與經濟發展的關係，他們認為人們在兩種決策中來分配自己的時間：個人性活動和社會性活動，前者是指生產私人產品的決策，後者是指在孤立情形下個人無法完成的行動。個人活動會形成私人產品，而社會性活動則會形成關係產品；而關係產品的產出水平是受到社會環境（社會資本）好壞的直接影響的。由此可知，若用更多時間來從事私人品的生產，就形成了以市場為基礎的經濟增長；但這會不可避免地減少對關係產品的生產，關係產品的下降會對社會環境產生負外部性，社會資本也會減少；這種社會資本下降被 Antoci 等人稱為社會貧困（social poverty）。所以，經濟增長與社會資本的減少便成為一對共生的現象。另一個角度是基於內生性的演化經濟學思路。Francois & Zabojnik（2005）試圖將不易模型化的「社會規範、社會文化和社會資本」置於模型中分析。因此他們將「可依賴性（trusworhiness）」作為分析的核心概念，因為這一概念是社會文化在經濟上的一種反映，也構成了社會資本。所以，對「社會資本與經濟增長」關係的討論也就很自然地轉化為對「可依賴性與經濟增長」關係的討論。

4. 制度經濟學角度

　　社會資本理論在經濟學領域取得較大發展的是制度經濟學領域，Putnam（1993）對意大利南北方由於社會資本不同從而導致南北經濟發展差距的論述在這一領域開了先河，從此社會資本與整個社會、經濟及政治體制關係的研究開始引起重視。Fukuyama（1998）、Ostrom（1999）和 Stiglitz（1999）等著名學者在這一領域也進行了研究。學者們的主要觀點如下：

　　第一，代表性學者。Putnam（1993）等人對社會資本的分析深受制度學派的影響，較早從制度角度對社會資本進行了研究。Putnam 認為，社會信任、互惠規範以及公民參與網絡是相互加強的，普遍互惠有效地限制了機會主義行為，而密切的社會交換網絡將強化博弈理論中所說的關係和聯繫。Ostrom（1999）則在對制度的解釋中提出社會資本概念，她把制度理解為一套配置收益、分配報酬的規則。由於規則協商的互動性是超越討價還價的一種投資，因此它暗含著更多的人際關係。在制度被創生出來、去適應不斷變化著的環境時，人際的不平等、投入的差異、對人的不同需求的關注等等變量，都是制度所要加以考慮的。於是，社會資本自然是題中之義。Ostrom 進一步把制度、社會資本和經濟增長聯繫起來，從而把集體行動水平上的制度分析擴展到經濟制度分析。她認為，以制度和因此形成的動機的形式存在的社會資本是影響物質資本與人力資本作用於生產和增長的關鍵因素。Ostrom 認為，精心設計制度是投資社會資本的一種方式。

　　第二，宏觀視角。在討論正式制度與非正式制度時，Stiglitz（1999）認為組織的視角尤其提供了一個有益的框架，並簡要地探討了社會資本與市場經濟發展、社會制度的演化等方面的關係以及社會資本投資問題。Aoki（2001）也把社會資本引入了制度分析框架，提出了一個命題：即使發達的市場經濟，私有產權和合同也依靠法律和其他治理機制的複合體同時起作用。Carroll & Stanfield（2003）強調有關社會資本的研究並沒有引起制度經濟學的足夠重視，並希望對社會資本進行此方面的探討。他們對社會資本的概念和其在經濟發展和變遷中的應用進行了分析，並且對波蘭尼的相關概念進行了肯定，最後對經常被忽視的社會資本的負面影響進行了探究。

　　第三，信任視角。Fukuyama（1998）認為信任是社會資本的基礎，一個社會的經濟繁榮程度，取決於該社會普遍的信任程度，信任程度的高低決定現代大私營企業的發展狀況。Tonkiss（2000）以信任為社會資本的概念要素，從社會經濟學和制度經濟學的角度，對信任、規範和網絡與經濟發展的關係進行了文獻梳理和論述。他認為，關於信任和社會資本的觀點提供了在經濟分析中恢復社會要素的路徑。然而，在經濟背景中，從保證特定經濟結果的信任、規範和網絡的制度性效果中，分離出具有自身價值的社會資本的道德話語是有意義的。不平等、歧視和貧窮可以抑制社會資本的發展，也會否認其效果。Keefer & Knack（2005）也對社會資本與信任進行了論述。他們認為，

首先，不同的社會中的信任和信任度水平是有很大不同的；其次，這些不同部分是由於正式制度的不同，和其他文獻中很關注的聲譽機制不同；然而，最後一點，以信任爲基礎的社會規範的力量，對於政府影響、收入增長和其他發展結果也顯示出劇烈的變化。政策含義是新制度經濟學的一個重要特點，現在也成爲社會資本研究的一個重要特點。

第四，基於補充關係的制度經濟學思路。在社會資本理論中，社會資本的豐富對經濟增長起著積極的作用是一個通常的看法（Putnam，Leonardi & Nanetti，1993），反之社會資本的下降則會導致經濟的下降。然而，當 Putnam（1995）宣稱美國的社會資本下降的 30 年間，經濟增長卻並沒有出現同步下降，反而還取得了令人滿意的增長。針對這一悖論，Fafchamps（2004）認爲 North（2001）的觀點可以解釋：社會俱樂部和社會網絡的出現是爲了建立個人之間的信任，但是當市場制度已經建立起了高水平的普遍信任時，前者這種社會資本形式對經濟發展就顯得沒那麼必要了，因而也就會衰落。由此，Fafchamps 認爲社會俱樂部和社會網絡等社會資本形態的對經濟發展的重要性是階段性的，其對經濟增長的作用就體現爲它是對有效正式制度的一種補充，正式制度發展的水平越低，社會資本對經濟影響就越大，反之亦然。

5. 國內經濟學領域社會資本的研究

國內經濟學領域對社會資本的研究是從上世紀 90 年代末才開始的，總體來說尚處於比較零散的狀態，並且有相當一部分是對國外社會資本理論的直接應用。但近幾年，社會資本在經濟學領域越來越受到重視，尤其是在微觀的企業領域。下面就國內經濟學領域較有影響的社會資本研究進行梳理和分析。

第一，宏觀視角。張其仔（1997）被認爲是國內從經濟學視角研究社會資本與經濟增長的最早學者。在其專著《社會資本論：社會資本與經濟增長》中，他將社會學和經濟學研究成果結合起來，從宏觀角度討論了社會資本對經濟增長和發展的影響。姚偉（2004）運用社會資本理論解釋了不同國家的經濟社會運動爲什麼產生了不同結果。由於發達國家具備了相應的社會資本，比如清明的政治社會環境和發達的公民社會，20 世紀 80、90 年代西方發達國家（如美國）向新自由經濟模式轉變，而發展中國家並沒有發展出相應的體制，因而這種運動受到了一些發展中國家（如墨西哥）民眾的抵制，從而沒有跟上當時的經濟改革潮流。

　　第二，制度視角。李英明（2005）從制度視角，以「互爲鑲嵌」這個概念作爲思考的核心，論述了人的理性選擇和結構如何通過彼此鑲嵌的模式具體的表現在人們日常生活的關係網絡互動之中，並探討社會資本如何通過鑲嵌互動所形成的具體的關係網絡來形成與操作。他認爲過於細緻的學術分類將被跨學科的不斷對話所取代，不論是經濟、政治或各類別的學科，都必須重回「社會脈絡」中，才能成爲寶貴的知識。陸銘和李爽（2008）從制度視角分析了社會資本與發展的關係，他們認爲社會資本是一種非正式制度，與社會資本有關的非正式制度對人類行爲和福利產生了顯著的影響，作爲非正式制度的社會資本和正式制度之間既可能是互補的，也可能是互替的。在經濟發展和市場化的過程中，社會資本本身及其作用都會發生相應的變化。在中國，社會資本的作用及其變化還存在著一定的城鄉差異。張克中（2010）從經濟學視角，尤其是以發展經濟學和制度經濟學爲理論基礎，吸收了社會學、政治學和管理學等領域的研究成果進行多學科交叉研究，研究了社會資本對經濟轉型與發展的影響，試圖回答中國經濟轉型與發展過程中社會資本何以至關重要。

　　第三，信任視角。陳健（2007）利用整體博弈方法對市場經濟的信任基礎進行了分析。在 Putnam（2001）研究的基礎上，從水平型和垂直型社會資本的不同結構角度討論了這些結構對社會資本水平的影響。對於水平型社會資本結構，當存在足夠多的獨立社會中間組織時，社會資本唯一的均衡是高水平均衡；而對於垂直型社會資本，在市場交易仲裁者存在信息操縱情況下，社會資本水平可能出現多重均衡，但均衡的穩定性不同。

　　綜上來看，就經濟學領域社會資本研究的特點可以總結爲以下幾個方面：一是許多研究作品是對社會資本和社會網絡的直接應用性研究，包括地區性研究，實證性研究等；二是從制度經濟學角度的研究較爲宏觀，多強調制度、規範以及網絡對經濟發展的意義；三是就國內外研究的比較看，國外研究多從經濟學理論角度對社會資本進行分析，而國內研究規範分析相對較少，更爲深刻的理論創新仍值得期待。

四、信任與社會資本

　　信任無疑是社會資本理論中最爲核心的一個概念，社會資本相關研究中，總是脫離不了對信任的分析，信任、規範和網絡通常都發揮著重要的作

用（Putnam，1993；Fukuyama，1996；Woolcock，1998）。Coleman（1988）認為信任是社會資本的重要元素，也是社會資本的一種形式，Moorman，Deshpande & Zaltman（1992）將信任定義為一方對具有自信的另一方的依賴的意願，這是一種由意願和信心支持的感受。在信任與社會資本關係的研究上有著重要影響的是 Fukuyama。Fukuyama（1996）甚至認為信任幾乎等同於社會資本。在 Fukuyama 之前，社會資本一詞已經開始廣泛地為經濟學家和社會學家所使用，Fukuyama 所做得更多的就是在此基礎上將信任的功用與社會資本的內容結合得更緊密和充分。他不僅將信任看成是社會資本的組成部分或指標，而且還是其前提條件：社會資本是一種從社會或社會的一部分普遍信任中產生的能力，而信任本身的含義是「在正式的、誠實和合作行為的共同體內，基於共享規範的期望」。當人們擁有共同的誠實和相互關係標準時，就會產生信任，人們才能夠互相協作。過份的自私和機會主義會破壞信任。Fukuyama（2002）描述了在不同的情況下，信任與合作是怎樣產生出來的。他認為相互作用是關鍵，「如果你明白在很長一段時間內你將同一群人打交道，而且你也清楚他們會記住你何時欺騙了他們，何時誠實地對待過他們，那麼此時你對他們真誠相待才符合你的個人利益」。在這種情況下，自然就會產生了互惠規範，信譽也成了一種資產。Fukuyama（2002）還提出了「信任半徑」的概念來衡量社會資本的多少。也就是說，社會資本的多寡或社會信任度的高低主要取決於信任半徑的大小。社會的力量體現在其社群中，而各種社群是以產生出嚴格信任半徑的一些原則為基礎的，這些原則包括家庭、親屬關係，宗教、教派黨派，種族和民族特性等。信任半徑的大小與人們自發性社群組織的規模、能力、效率等要素有關，信任半徑較小的有家庭、家族等，較大的有跨國大公司、國際性組織等。

信任也有不同的分類，Cristiano，Falcone & Marzo（2006）將信任分為個人（individual trust）信任和集體信任（collective trust），前者是基於個人關係的信任，產生的是關係資本（relational capital），而後者是基於集體的、社群的信任，產生集體信任資本（collective trust capital）；Luo（2005）將信任分為特殊信任（particularistic trust）和普遍信任（general trust），前者指對個人的特定信任，而後者則指對不特定人的信任。

有關信任、社會資本和制度的關係，Nooteboom 有較為系統的總結。Nooteboom（2007）認為信任即產生於人際關係，也會產生於制度，而制度是

非人格化的（impersonally）。由法律維持的信任就是一種典型的基於制度的信任。在私有產權得到有效保護的社會，人們之間的信任度通常較高。透明的法治可以在陌生人之間創造信任的基礎，從而將信任擴大到家庭和朋友這一自然的圈子之外。信任對於關係來說，有著降低其風險和交易成本的工具價值，尤其是風險很複雜或者用正式的途徑（如政府管制、法律制度和科層管理）成本很大的時候。相對於正式的契約（contractual）和科層（hierarchical）關係，社會資本常常與非正式的關係（ties）相關。社會資本是介於宏觀的正式制度與微觀的關係之間的中間狀態，基於這種中觀狀態（intermediaries）產生的信任起到一種協調作用（go-betweens）。Nooteboom 將信任、社會資本和制度的關係總結為下表，見表 2.3。其中信任產生於宏觀和微觀兩個層面，而基於信任的社會關係又會產生社會資本。

表 2.3 制度、社會資本和信任

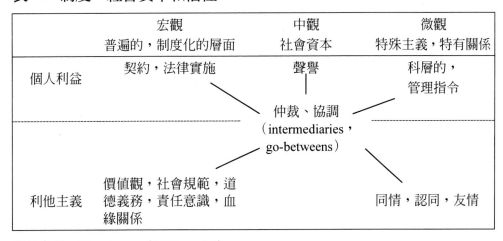

	宏觀 普遍的，制度化的層面	中觀 社會資本	微觀 特殊主義，特有關係
個人利益	契約，法律實施	聲譽	科層的， 管理指令
		仲裁、協調 （intermediaries， go-betweens）	
利他主義	價值觀，社會規範，道德義務，責任意識，血緣關係		同情，認同，友情

資料來源：Nooteboom（2007，p.39）

　　總之，信任與社會資本是兩個密不可分的概念，由於信任也有個體和集體，特殊和一般的區別，相應的社會資本的性質自然也有差異。

五、社會資本的負面影響和成本

　　就目前社會資本的相關研究來看，大多數研究的重點仍然是突出社會資本的正面效應。實際上就社會資本研究的幾位有重要影響的學者來說，他們早已注意到社會資本的負面（dark-side）問題。同其他任何形式的資本一樣，社會資本也有其「黑暗」的一面。如 Colemans（1990）早就注意到

社會資本在一些非法團體中起到的作用，Putnam（1993，2000）也注意到了連帶社會資本（bonding social capital）在不同種群間生成的問題，比如意大利南部的黑手黨團體中的社會資本，以及這類社會資本容易造成不公平的後果，導致裙帶主義和腐敗的產生。因此，Portes & Landol（1996）強調要重視社會資本的負面影響。具體來說，從負面來看社會資本主要有以下幾個問題：

（一）社會資本的成本

作為一種資源，與其他資源一樣，社會資本也是需要投入資本來獲得和維持的。社會資本儘管會帶來信息利益，但同樣需要高昂的維繫成本（Adler & Kwon，2002），維繫與他人的關係需要投入相應的資源（奇達夫和蔡文彬，2007）。比如在中國，「關係」是積累社會資本的基礎，企業家不可避免的需要投入大量的時間成本、金錢成本及身體健康成本等來維繫這種「關係」資源。尤其是維繫強連帶上，企業家往往對於社會資本的投資過大（李永強等，2012）。然而企業所投入的構建企業社會資本的費用與績效之間並不一定存在強烈的正向關係（劉林平，2006），可能反而增加了一筆交易費用。

（二）社團性社會資本的封閉性

針對社團的社會資本，Portes（1998）總結了社會資本的四個負面效應：1）排外性，儘管強連帶易於產生信任，卻也容易阻礙新進成員的吸納；2）對於社團成員的過份要求，社區或群體參與導致成員對群體的高附和性；3）對個人自由的限制，群體團結和個人決策自由之間是一種兩難選擇；4）會拉低一些團體規則，形成一種低端的鎖定效應。特殊情況下，群體成員因具有相同的逆境經歷或共同反對社會主流行為而鞏固所在群體的團結，倘若有成員想要獲得更好的發展，內部規範排斥和抑制試圖擺脫這類困境的行為。因而實際上這種團結實際損害了更大群體的凝聚力，導致群體中小團體的出現，使得更有野心和創新精神的成員離開群體。此外，社會資本的封閉性也可能一定程度上阻礙創新（Portes，1998；李永強等，2012），而關係雙方的信任有利於降低社會資本負面效應（Clercq，Thongpapanl & Dimov，2009；李永強等，2012）。再者，這種封閉性儘管會使得成員獲得「一榮俱榮」的好處，但也同時會有「一損俱損」的風險，吳寶、李正衛和池仁勇（2011）用浙江一些地區企業的例子驗證了社會資本的融資風險，發現網絡凝聚力越是強，企業間的融資風險傳染越會加劇。

（三）社會資本的非平衡分佈導致的問題

在社會資本資源非平衡分配的地方，社會網絡可能是腐敗、裙帶關係和其他尋租行為的基礎（Portes & Landolt，1996；Woolcock，1998）。尤其在依賴社會網絡關係的經濟體中更為嚴重，這種社會中往往在某些團體內部運轉通暢，不同社團網絡之間則合作困難，因而容易造成社會的分割狀態和裙帶關係（Carney，2008；Begley，Khatri & Tsang，2010）。同樣的，除了這些掌握資源的上層團體容易造成裙帶關係，處於底層的團體也有類似效應。Wilson（1996）指出，許多貧窮地區和人口構成具有密切的社會聯繫，但他們卻孤立於「主流的」經濟與社會網絡之外，從而造成「網絡貧窮」。Putnam（2000）也認為社會資本同其他資本一樣，也可以用來做壞事，達到反社會的目的。Field（2003）從兩方面解釋了社會資本的負面效應。其一，社會資本可能促使不公平現象產生；其二，特定情況下，社會資本會促使反社會主流行為的出現。

第二節　社會資本與制度環境

一、制度與非正式制度

North（1990）認為，制度是一個社會中的遊戲規則。制度是人為制定的限制，用以約束人類的互動行為。制度通過為人們提供日常生活的規則來減少不確定性。因此，制度構成了人類交換的動機，此處所謂的交換包括了政治的、經濟的以及社會的行為。制度運行的關鍵之一就在於判定犯規的成本以及處罰的輕重。制度既包括正式制度，也包括非正式制度，制度框架包括政治結構、產權結構和社會結構三個方面。政治結構界定了人們形成和整合政治選擇的方式，產權結構界定了正式的經濟激勵，社會結構，包括規範和習俗，則界定了經濟生活中的非正式激勵（North，2005）。其中，政治制度結構和產權結構都屬於相對正式的制度體系，或說正式規則包括政治（與司法）規則，經濟規則，以及契約。這種規則構成的階層，上自憲法，成文法和不成文法，下至特別判例和個人的契約，都界定了從一般規則至特別設定的限制；而社會結構則屬於相對非正式的制度安排。

North（1990）認為人們的行事準則（codes of conduct）、行為規範（norms of behavior）以及慣例（conventions）等是非正式約束的重要內容，這些都是

在人類社會諸種文化中逐漸形成的。即使在最進步的經濟體系裏，正式法規只是決定選擇的整體限制之一部分，雖然是很重要的一部分。實際上非正規制約普遍存在，在我們平日和別人的來往中，不論是家庭內、外界社會關係，或事業活動中，規範結構幾乎全都是由行動準則、行為規範和習俗所決定的。並且，由於從文化中衍生出來的非正式約束往往並不會對正式規則的變化做出即時反應，因而嵌套（nested in）在這些非正式約束中的文化則會在「制度的漸進演化方面起著重要作用，從而成為路徑依賴的根源」。

除了經濟學領域對制度的探究，社會學領域的學者對制度也有著類似的理解。Scott（1995）認為制度通過三個要素來約束行為：管制性要素（regulative），通過正式的懲罰進行強制和威脅來引導行動；規範性要素（normative），通過可承受的、道德和倫理的規範來引導行動；認知性要素（cognitive），通過特定的、行為人認知和理解世界的框架來引導行動。從Scott對制度三個要素的描述來看，其與North等人對制度的研究有著異曲同工之妙，管制性要素屬於正式制度範疇，而後兩者更多屬於非正式制度的範疇。Gupta et al（2012）應用四個新興經濟體國家的數據對Scott的這三個制度維度與企業發展的關係進行了檢驗，發現這三種要素在不同國家的表現是存在差別的。

二、制度環境

制度環境（institutional context / environment）分析被證明對探究企業相關研究課題是一個重要的理論基礎（Clercq，Danis， & Dakhli，2010）。制度環境是由各種詳盡的規則和條件所型塑的，個體組織必須遵守這些規則條款才能獲得合法性和支持（Scott，1995）。制度環境也就是一個國家或地區的制度背景的情況，良好的制度環境能夠為國家或地區的經濟發展提供強大的制度支持。關於制度的描述不勝枚舉，其中以Coase、North和Williamson的研究最為有影響力，後來新制度經濟學有關制度的研究大多建立在他們三者的研究基礎之上。

與North對制度的理解類似，Chiles et al（2007）認為一個國家的制度環境，包括正式和非正式的規範，規則和制約著社會和經濟交換的價值觀，在任何社會對企業行為都有著巨大的影響。制度的激勵，協同社會規範和文化價值觀，極大地影響著企業家精神和創新（Peng & Zhou，2005）。Williamson

（2000）提出了一個較爲系統的制度研究框架，將制度劃分爲四個層次：1）嵌入制度或者社會和文化的基礎，也即是非正規制度；2）基本的制度環境，也即正規制度，其中最重要的是通過政治、法律和科層機制來確定產權；3）治理機制，是執行和監管制度，其中最重要的是對合約關係的監督；4）短期資源分配製度，也即自由市場經濟制度。每種制度都重點涉及相關的理論研究領域，對第一種制度的研究涉及社會學、人類學，第二種涉及產權經濟學，第三種制度研究涉及交易成本經濟學，第四種則屬於新古典經濟學的範圍。而對於相對綜合的企業研究領域，這幾個維度則都可能涉及到。

三、社會資本、非正式制度與制度環境

　　不同社會文化背景下人與人交往都有一種約定俗成的規範，比如華人社會人與人之間交往時的「禮尚往來」、「人情面子」即爲儒家傳統文化下發展出來的一套行爲準則。在一些團體交往中，其成員之間非正式的行爲規範則更爲明顯。社會資本作爲一種人與人交往而產生的資源，顯然與非正式規則有著重要的聯繫，或者說，這些非正式的規範和準則往往成爲一種文化或一個社群產生社會資本的源泉。關於社會資本與非正式制度的關係，Peng（2004）用一個圖進行了簡單的表達（見圖 2.1），他認爲非正式規則是自然地產生於社會網絡當中的，因而非正式制度的功效也自然是社會資本的一個衍生產品（by-product）（Nee & Ingram，1998），並且社會資本會通過非正式的規則間接地影響到經濟績效。

圖 2.1　社會資本、非正式規則與經濟增長

資料來源：Peng（2004，p.1047）

　　Williamson（1979，2002）將 Macneil（1974，1980）的關係契約理論引入交易治理機制，提出了私人安排替代和補充法律安排的思想，交易成本經濟學理論認爲，機會主義行爲可以表示爲環境不穩定程度的函數

（Williamson，1981，1985）。不穩定的環境可以爲機會主義行爲提供更多的空間和機會，也會通過影響企業的預期來強化其機會主義行爲（Li & Zhang，2007）。這成爲社會資本替代和補充正式制度的重要理論依據。

不少觀點認爲當正式制度相對薄弱的時候社會資本往往會發揮巨大的替代或補充作用，目前許多研究都證實了在正式制度相對薄弱的國家或地區，企業家會更多利用自己的社會資源以謀求企業的發展。李路路（1997）認爲在缺乏正式制度安排的環境中，人們在經濟活動中必定要尋求某種替代物，以彌補不完善的市場經濟關係和行政權力關係所帶來的困難和風險，維持或者建立經濟活動乃至社會交往所必需的基本信任和預期。這時，最方便、也最容易的替代物即是非正式的社會網絡。類似的，Bigsten et al.（2000），Peng（2003），Beckmann & Roger（2004），Miguel，Gertler & Levine（2005）；Zhou，Poppo & Yang（2008），Danis et al（2010），Ismail et al（2012）在對不同國家或地區進行研究時對這種觀點進行了論證，Ahlerup，Olsson & Yanagizawa（2009）則通過博弈論模型對制度相對完善地區和相對落後地區進行了對比分析，認爲社會資本的提高在制度相對落後的地區對經濟增長的貢獻大於前者。

有關社會資本與制度關係的探討，Peng（2004）認爲非正式制度、社會資本問題在轉型經濟體更應得到特別的重視。通過對中國企業的研究，Xin & Pearce（1996）認爲在缺乏正式制度性支持的情況下，管理者通常會通過其社會關係尋求非正式的制度性支持，以降低其企業的運行風險和交易成本。比如處在計劃經濟向市場經濟過渡時期的中國，在信息提供方面，舊體制的功能逐漸減弱，但新制度的功能尚未完善。在這種制度背景下，企業則會更多利用社會資本來獲取和使用信息。而隨著市場經濟的逐步成熟，企業社會資本的作用會相應減弱（邊燕傑和丘海雄，2000）。又如，在產權保護相對薄弱的中國農村地區，個人的親緣關係網絡對企業產權保護起到了很好的作用（Peng，2004）。

然而社會資本與正式制度之間只是簡單的替代關係嗎？對於非正式制度的態度，North（1990，1994）認爲非正式制度（約束）本身就是重要的，而並非只是簡單地作爲正式規則的附庸，反而非正式規則會爲正式規則提供合法性（legitimacy）。正式和非正式約束都有降低人類互動的成本的作用。爲了協調重複的人類互動關係，North 把非正式規則分解爲三個要素：1）正

式規則的延伸、闡揚和修正；2）社會制裁約束的行為規範；3）內部自我執行的行動標準。可以觀察到不同的社會採用相同的正式法規和（或）憲法產生不同的結果。但是，即使正式制度（如法規）做了全面的改變，一個社會的許多層面仍舊持續不變。如日本文化雖經二戰後美軍佔領依舊延續，猶太人、庫德族以及其他無數的族群歷經數世紀依然如故，即使也許是經過最徹底的正式轉型的俄羅斯，如果不去探討其所留存和延續的許多非正規制約的話，也不得見其全貌（North，1990）。這樣看來，非正式規則、社會資本並非僅僅是對正式制度的簡單替代，更不會在正式制度建立起來之後消失，而是與正式制度長期並行的規則。並且，非正式規則往往成為路徑依賴的源泉。

第三節　社會資本與家族企業

一、市場、科層與網絡治理

在論及企業的界限時，Coase（1937）提出市場和企業兩分法的組織和治理模式，後來他也開始承認企業與市場之間是存在中間狀態的。Williamson（1979）也認為「三方治理（trilateral governance）」和「雙邊治理（bilateral governance）」是介於市場和企業之間的治理形式，網絡是一種市場與科層間的過渡形態。也就是說，「兩分法」是過於簡單化的，在企業與市場之間，存在著廣闊的中間地帶（王詢，1998）。

與這兩位對網絡的「中間形態」的理解不同，Powell（1990），Hodgson（1998），李智超和羅家德（2012）則認為網絡結構本身也是一種重要的治理機制。只不過這種治理機制是以信任關係為核心的（Powell，1990）。Powell還比較了市場、科層與網絡三種治理機制，信息傳播、價格機制和合約是市場結構的主要治理機制，科層結構、命令系統以及公司規章是層級結構的主要治理機制，而信任關係與協商是網絡結構的主要治理機制。Hodgson（1998）也持類似觀點，他認為網絡中關係的交換也是一種「關係合約」，並且與市場契約比較來看，關係合約是持久的、關聯性的和有保障的，這種緊密關係包含相互信任和理解，而一般來說市場合約則是短期的。

上述三種治理機制，其規則、成員身份特徵、運作邏輯、成本和權力的性質都多有不同，三種治理機制特點的對比見下表：

表2.4　三種治理機制之比較

	市　　場	科　　層	網　　絡
規則基礎	契約－產權	雇傭關係	補充性力量
交流機制	價格	規則	關係
衝突解決機制	討價還價-法院執行	行政命令-監督機制	互惠原則-聲譽機制
規則	競爭	科層服從、命令系統	信任、合作
成員身份特徵	自由選擇	科層分配	自由選擇
運作成本	交易成本	管理成本	關係成本
權力性質	分散的權力	自上而下的權力	自下而上的權力

資料來源：據李智超和羅家德（2012，p.164）和 Powell（1990，p.300）整理

　　可以說，基於社會關係的這種網絡治理模式，現在已經被普遍認可爲與市場、科層治理相併列的治理模式。儘管學者們試圖對不同的組織或治理模式的界限進行清晰地界定，但現實情況是，這幾種治理模式往往是交織在一起的。作爲科層制的企業是嵌入在社會關係網絡之中的，因而，網絡治理現在又通常被認爲是有關網絡化的組織行爲如何影響經濟組織的決策科學性的問題（李維安和周健，2005）。

二、企業組織與社會資本

（一）概　況

　　有關企業組織的社會資本的研究，最早可以從市場網絡和組織的社會資本研究中找到線索，後來逐漸擴展的具體的企業領域。Coleman（1990）很早就對組織的社會資本進行了簡單描述。他認爲，組織網絡中的信任程度、互惠性、規範都對員工的行爲產生不同的整合與協調作用，從而直接引發不同的組織行爲。Burt（1992）則被認爲是最早將組織和企業作爲社會資本研究主體的學者，他極力主張把組織作爲社會資本研究的基礎。他將企業社會資本看成是企業內部和企業間存在的各種關係。組織的社會關係網絡有利於發揮信息的收集和傳遞功能，有利於組織獲得機會利益和幫助組織獲取關鍵資源。Nahapiet & Ghoshal（1998）對企業社會資本的研究也具有代表意義，他們將企業層面的社會資本定義爲「嵌入在企業內外部關係網絡中，並可加以利用的實際或潛在的資源總和」，在這個定義中，企業社會資本由網絡和可通

過網絡獲取的資源組成，組織的信任產生了員工對組織做出犧牲和貢獻。
Leenders & Gabbay（1999）將公司的社會資本定義為「為了便於目標的實現，
通過公司中參與者的社會關係而增加的一系列實際的和潛在的資源」。參與者
指的是組織和他們的員工。建立在社會資本之上的公司，會獲得可測量的商
業收益，例如更快的學習能力，更好的解決問題的方式，較少的重複工作，
雙倍的成效以及更多的創新。

　　自此，關於社會資本理論在組織理論、企業理論等領域內的應用越來越
受重視。Baker（2000）認為社會資本是指人際關係和企業關係網絡中以及通
過人際和企業關係網絡所能獲得的資源，包括信息、商業契機、金融資本、
權力與影響、情感支持，甚至還有良好的祝願、信任與合作等等。並提出了
企業如何通過培育內部的社會資本來增強組織能力的可行性方法及建議。
Chung，Singh & Lee（2000）認為，企業通過參與合作發展社會資本，而來自
於直接和間接合作經驗的社會資本在聯盟形成中起到重要作用。Huppi &
Seemann（2001）認為社會資本包括社會規範、社會價值、共享的內容和網絡，
還包括那些深嵌在企業員工之間和企業的顧客、供應商和其他能對現代組織
產生影響的部分之間的網絡和關係，社會資本將是企業在新經濟環境下保持
競爭優勢的一個重要途徑；Cohen & Prusak（2001）則認為社會資本包涵了人
們之間積極聯繫的「原料」：信任、雙邊理解、共享的價值和行為，這些約束
著人際網絡和社區的成員，並使積極的合作成為可能，從而有助於解釋組織
動力本源的問題；Koka & Prescott（2002）將戰略聯盟視為社會資本；林南
（2005）認為企業社會關係會影響其對各種稀缺資源如信息、知識、技術和
關鍵人員的獲取。

　　社會資本理論在企業研究領域的引入，是對以交易成本和資本所有權為
主流的企業理論的一種新發展，傳統所有權的企業理論觀念束縛了企業合約
理論的發展（楊繼國和安增軍，2004）。自企業誕生之日起，企業資本的概念
也一直發生著變化。從產業資本、商業資本到人力資本，再到社會資本。實
際上，企業性質的變遷是資本範疇變遷的表現，現代企業尤其是新型企業，
物質資本不能再看成是唯一控制企業的資本，企業已成為金融、人力、組織
和社會資本有機結合的一個不完全合約組合。他們還對企業資本範疇的發展
進行了圖示描述，比較清晰的說明了企業資本的發展及新資本範疇的形成，
詳見圖 2.2。圖中表示，產業資本與商業資本並存的時代是古典企業時代，產

業資本、商業資本和金融資本並存的時代是現代企業時代，金融資本、組織資本和社會資本並存的時代是當代新型企業的時代。

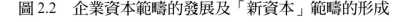

圖2.2　企業資本範疇的發展及「新資本」範疇的形成

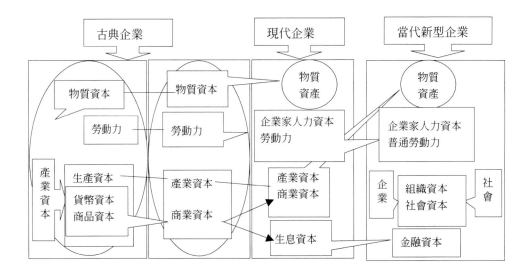

資料來源：楊繼國和安增軍（2004，p.94）

　　國內對企業和企業家社會資本研究較早的是李路路。李路路（1995，1997）並沒有對企業社會資本進行明確界定，而是直接借鑒了 Bourdieu 和 Coleman 的概念，認爲社會資本是一種社會資源，它與人們之間制度化了的相互認知和社會關係網絡相聯繫，能夠給擁有這種關係的人帶來好處或便利，並且在特定條件下能夠轉化爲諸如經濟資本的資本形式。張其仔（1997）的社會資本研究也比較早涉及了企業領域，他認爲企業的社會聯繫和社會網絡就是企業的社會資本；而邊燕傑和丘海雄（2000）將企業在經濟領域的聯繫分爲縱向聯繫、橫向聯繫和社會聯繫，企業通過這些聯繫攝取稀缺資源的能力就是企業的社會資本。

　　自此，國內很多學者開始從社會資本視角來研究企業組織。張方華（2004）認爲企業社會資本指的是企業建立在信任和規範基礎上的各種社會關係的範圍與質量，以及在此基礎上獲取外部資源的能力；周小虎和陳傳明（2004）認爲組織社會資本是指組織的社會網絡給企業生產經營活動帶來的

便利性。周小虎（2005）將社會資本看成是企業的一種戰略資源，認為企業社會資本是指那些能被企業所控制的，有利於企業實現其目標和實現目標活動的、嵌入企業網絡結構中顯在的和潛在的資源集合；趙延東和羅家德（2005）提出組織內的信任是企業資本最核心的特徵；李敏（2005）認為企業社會資本是企業內外個人及組織之間的社會信任網絡，是微觀、中觀和宏觀三個層面信任網絡相互聯繫、相互平衡所形成的有機整體；陳曉紅和吳小瑾（2007）將企業社會資本界定為企業佔有的有益於企業獲得資源的社會關係網絡及以由此獲得的資源總和。

（二）企業社會資本的測度

由於不同學者對企業社會資本的定義和劃分不同，他們相應也給出了企業社會資本不同的測度角度和方法，僅就應用比較多的主要方法總結如下：

1. 從社會資本的幾個維度來測量。如前文所述，Nahapiet & Ghoshal（1998）將社會資本劃分為三個維度來進行測量：結構維度（structure dimension），是指行動者之間聯繫的整體模式；關係維度（relational dimension），是指通過創造關係或由關係手段獲得的資產，包括信任與可信度、規範與懲罰、義務和期望以及可辨識的身份；認知維度（cognitive dimension），是指提供不同主體間共同理解表達、解釋與意義系統的資源，如語言、符號和文化習慣，在組織內還包括默會知識等。後來，很多國內外學者在研究企業社會資本時延用這種三維度理論對企業社會資本進行測量。Landry，Amara & Lamari（2002）在區分企業社會資本兩種形式的基礎上，認為可以從企業結構性社會資本（網絡）和認知性社會資本（信任）兩個層面進行測量。王霄和胡軍（2005）在 Landry 測量體系的基礎上，採用結構性社會資本和非結構性社會資本對中小企業的社會資本進行了測量，與 Landry 不同的是，非結構性社會資本採用了多指標測量信任和價值觀。

2. 從企業組織層面來測量企業社會資本。Fukuyama（2000）提出用公司在接管前後的「管理溢價」來衡量企業的社會資本，他認為任何企業的資本總額都等於有形資產和無形資產之和，社會資本就包含在無形資產中，管理溢價可以代表企業的社會資本。

3. 個體關係網絡角度。邊燕傑和丘海雄（2000）將企業的社會聯繫分為三類：縱向聯繫、橫向聯繫和社會聯繫，在此基礎上採用了企業法人代表的三個

具體指標對這些聯繫進行了測量：是否在上級領導機關任過職；是否在跨行業的其他任何企業工作過及出任過管理、經營等領導職務；社會交往和聯繫是否廣泛。類似的，Shipilov & Danis（2006）認為可以從企業高管團隊的社會資本來測量企業社會資本，提出採用「對外溝通社會資本」和「對內團結社會資本」來測量，並從考察團隊特徵的視角研究了企業社會資本的存量。

4. 交易成本角度。劉林平（2006）提出，要從「效用性」和「生產性」來理解社會資本，進而來測量社會資本。他區分了企業經濟活動中三種投入：物質資本、人力資本和社會資本的投入，並提出用花費在社會關係上的費用來衡量企業社會資本的投入。如企業中的比較固定的社會關係的表徵和公關費用。

（三）企業家與社會資本

如前文所述，在國內學術期刊中較早在企業研究領域使用「社會資本」一詞的是李路路。李路路（1995）認為私營企業家與其親友的關係對他們進入私營經濟領域、獲得資源和企業發展等方面都有重要作用。李路路（1997）進一步對私營企業主群體的個人背景與企業成功的關係進行了分析，揭示了在中國漸進式改革的背景下，在新舊兩種體制並存的混合經濟中，私營企業的發展是雙重機製作用的結果。石秀印（1998）從社會網絡角度對企業家成功的社會網絡基礎進行了的分析，他比較了國有企業和私營企業家的不同社會資源，認為私營企業主更多依賴於私人關係，那些與資源擁有者具有更親密的私人社會關係的人，更可能成為私營企業家。

以上兩者是從比較宏觀的視角對企業家的社會資本與企業成功的關係甚至對社會結構變革的影響進行分析的。也有學者從比較微觀的角度對企業家社會資本與企業發展的具體問題進行了探討。陳傳明和孫俊華（2008）從社會資本角度對企業家背景與企業多元化的戰略選擇進行了探討；姜翰等人（2009）從管理者社會資本視角對創業企業機會主義行為進行了實證分析，認為環境的不穩定性會顯著強化創業企業的機會主義傾向，也會刺激創業企業提高其對管理者社會資本的運用；耿新和張體勤（2010）以小型民營科技企業為對象，考察了企業家社會資本與組織動態能力之間的邏輯關係；陳爽英等人（2010）對民營企業家社會關係資本對研發投資決策的影響進行了實證研究，發現民營企業家銀行關係資本、協會關係資本均對民營企業研發投

資傾向有顯著的積極影響，且協會關係資本對研發投資強度有顯著促進作用，但民營企業家的政治關係資本則有消極影響。

三、歷史上的家族商人組織與社會資本

Greif，Milgrom & Weingast（1994）用博弈論對中世紀歐洲基爾特（merchant guilds）的產生和發展進行了一系列探討，後來 Greif（2006）對10 至 14 世紀的馬格里布商人和熱那亞商人進行了一系列比較分析，其中對歷史上商人的社會網絡、文化等問題的研究引起了經濟學領域不少學者的興趣。如 Dessí & Ogilvie（2004），Ogilvie（2011，2016），Edward & Ogilvie（2012），Dessí & Piccolo（2013）等學者從社會資本角度對歷史上的商人群體進行了一系列較為前沿的討論。Dessí & Ogilvie（2004），Ogilvie（2011，2016）認為歐洲的基爾特組織中商人成員間產生的共享的規範、快速而精準的信息傳遞、有效的懲罰機制以及集體行動的有效組織等內容正是社會資本的範疇。但與不少學者觀點的區別是，Ogilvie 等人認為這種基爾特當中產生的社會資本對於整個社會來說並非有益。並且基爾特與統治者之間還會相互勾結以獲取利益並進行分配，但統治者並沒有把這些利益應用到社會福利，而是大量用於軍事投資上。因而，實際的消費者和非基爾特成員的商人實際上是從中受害的。Ogilvie 等人從社會資本的負面影響進行了論證，但問題是他們在前面的分析中將社會資本歸結於基爾特成員之間的規範、信任等，但在結論上卻僅討論商人與統治者的政治關聯帶來的負面影響。實際上作為一種特殊的社會資本形式，這種政商間的相互勾結並不能以偏概全。儘管如此，這些學者的不同視角還是給經濟學者帶來了很大的啟發。Ogilvie 等人的研究把社會資本引入了商人群體研究，這對歷史上地域性商幫的研究有很大的啟示。此外，還有學者研究了近代商業網絡，或親緣關係網絡與家族企業，進而與工業革命或者近代化的關係（Cookson，1997；Robin & Richardson，2001；Grassby，2001），如 Cookson（1997）對 18～19 世紀英國約克夏的家族企業和紡織行業網絡的研究，認為商業網絡降低了交易成本。

目前將社會資本引入歷史上商人群體的研究仍然只出現在以 Greif，Ogilvie 等歐美學者為代表的國外研究領域，國內研究尚沒有正式運用社會資本來解釋中國歷史上家族式商人的發展問題，尤其是明清商人群體，實際上其發展與社會資本有著重要的聯繫。但對相關文獻進行梳理後，仍可以看到

有些學者力圖對中國明清時期商人網絡進行研究的努力。值得反思的是，對此做出貢獻較多的仍然是外國學者。如日本學者臼井佐知子（1991）對徽商及其網絡進行了非常有借鑒意義的史料考證，Goodman（1995）對清末至新中國前在上海的各種同鄉組織、行業組織等區緣網絡進行了深入的研究。近些年，才有少數國內學者開始嘗試從社會網絡理論視角來研究中國明清至近代的商人組織問題（馮筱才，2003；馮劍輝，2010；楊海濱和杜佳，2013）

四、現代家族企業與社會資本

Williamson（1979）認為當交易專用性價值（transaction-specific values）較大時，特殊的規制結構（governance structures）應當取代典型的古典市場契約交換，物質商業關係，勞力關係和家庭關係都是具體的例子。在 Williamson 看來，家族經濟組織擁有特異性知識，包括重要的個人商業關係和網絡。這些正是社會資本的範疇。目前關於家族企業社會資本的專門研究並不成熟，近些年才不斷有學者將社會資本引入家族企業研究領域，相關研究仍然處於較為零散的狀態，下面僅就較有代表性的研究進行簡介。

就國外將社會資本理論引入家族企業研究的情況來看，Steier（2009）認為家族社會資本是新企業建立的一個重要條件，Sorenson & Leonard（2009）認為家族社會資本和家族人力資本、家族金融資本是建立家族企業最重要的三種資本。Gedajlovic，Eric & Carney（2010）從交易成本角度解釋家族企業存在的原因時，借鑒了 Putnam（2000）連接性社會資本（bridging social capital）和黏合性社會資本（bonding social capital）的概念，認為這兩類社會資本是家族企業存在和發展的重要因素。Carr et al（2011）參照 Nahapiet & Ghoshal（1998）對社會資本的測量設計，從結構、關係和認識三個維度建立了一個測量家族企業內部社會資本的模型。Acquaah（2012）對加納中小企業進行實證分析後，發現家族企業在運用官僚關係網絡得到的利益要比非家族企業多，但非家族企業在社團社會資本和企業管理經驗上則比家族企業應用的要多。以意大利中小家族企業為對象，De Massis，Kotlar & Frattini（2013）從家族情感角度對家族企業高管的社會資本的利弊進行了分析。Sanchez-Famoso，Maseda & Iturralde（2014）和 Herrero & Hughes（2016）分別對家族企業的內部和外部社會資本進行實證研究後，認為這兩種社會資本對企業的創新活動、績效有著正面影響。

　　由於國內社會資本和家族企業研究幾乎在同一時期從西方引入，並且中國歷來有注重人際關係的傳統，將兩者結合進行研究反而相對較早。較多的研究關注的是社會資本對家族企業成長的作用，如基於信任視角的家族企業成長或治理研究（李新春，2002；儲小平和李懷祖，2003；周立新，2006）。李新春（2002，2003）認為家族信任即為一種社會資本，它可能形成最優的帕累托協調博弈結果，從而解決代理中的信任問題。但是，家族主義信任並不能或難以解決隨著組織規模或交易的複雜性增加時出現的代理能力不足問題。因而信任治理是一種取決於在特定文化制度環境下的治理成本結構的相機選擇機制。儲小平和李懷祖（2003）也從信任角度對家族企業的成長進行了分析。他們認為，家族企業的成長就是與互有關聯的四個層面的社會金融資本、人力資本、網絡資本和文化資本的融合過程。要獲得企業的成長，企業就必須不斷地吸納和有效地整合各種社會資本，而信任資源和結構是影響家族企業融合社會資本有效性的關鍵因素。關注社會資本與家族成長關係的還有曹祥濤和郭熙保（2003），余呈先（2006），樂國林，張玉利和毛淑珍（2006），周鴻勇（2007）等學者。

　　隨著研究的深入，有關社會資本與家族企業的研究也不斷多元化，如王志明和顧海英（2004），李新春和陳燦（2005），周生春和范燁（2008），吳炯（2010）從社會資本對家族企業治理的影響視角進行了分析；周生春和范燁（2009）對家族企業社會資本的物品屬性和產權問題進行了探討，張治軍（2011）從嵌入的觀點對社會資本與家族企業成長的關係進行了分析，郭斌（2013）則用實證分析對社會資本對家族上市企業終極股東的影響進行了探討，楊玉秀（2014，2016）則關注家族企業社會資本的傳承問題。

　　綜上對社會資本與家族企業關係研究的梳理可以看出，將社會資本引入家族企業領域研究，或將家族企業作為社會資本的研究對象，目前仍然處於較早的階段，更為深入的研究還需要進一步發掘。

第四節　小　結

　　本章主要回顧了社會資本理論的歷史演變，在社會科學領域尤其是經濟學領域的研究情況，並對制度環境、家族企業和商人的相關研究進行了概括，進而對三者之間相互關係的研究進行了梳理。總的來說，目前社會資本已經

在經濟學領域、尤其是企業研究領域得到了極大的關注，社會資本與企業關係的研究也正處於上升的階段。但是可以看出，社會資本研究，以及社會資本與制度環境、企業關係的研究仍然處於較為零散的狀態。在對文獻進行總結和分析後，本研究認為仍然有幾個方面值得澄清和進一步發掘：

一是社會資本的研究層次、屬性和分類問題。社會資本研究目前之所以呈現較為分散的狀態，最重要的一個原因在於不同學科和學者對社會資本的研究層次和分類存在爭議。同其他資本形式一樣，社會資本並不僅僅只有正面的功效，不同類型社會資本對企業成長的作用會有所不同，隨著制度環境的變化，同一類社會資本對企業成長的作用也不會始終如一。許多現有文獻僅僅強調社會資本尤其是一些特殊社會資本會給企業發展帶來正面效應，這可能會在現實實踐中產生一種對社會資本投資的導向作用。因此對社會資本進行更為明晰的層次、屬性和分類的界定十分有必要。

二是社會資本與制度環境關係的動態和歷史研究。社會資本與其他資本形式一樣，會隨著不同制度背景、條件的變化而有所改變。這一點是現有文獻中較為缺乏的。尤其是通過對社會資本的更長時段歷史的研究，可以對比出經過歷史制度的變遷，社會資本可能發生了重大變化，但也仍存在路徑依賴效應。有西方學者已經開始嘗試將社會資本理論引入歷史上的商人研究，但我國歷史上家族商人的社會資本研究尚未得到足夠關注。

以上兩點是有機結合的，通過明晰社會資本的層次、屬性和分類，進而結合更長時段的歷史的、動態研究的視角，可以看出不同歷史背景和制度環境下社會資本與企業關係的變化，從而在社會資本研究理論上有所突破，為企業戰略和政府決策上提供更為現實的啟示，是本研究希望達到的目標。

第三章　社會資本、制度環境與家族企業：幾個理論前提

第一節　家族企業的界定

　　本研究對家族企業採取的是較爲廣義的界定標準，既包括現代企業制、公司制的家族企業，也包括歷史上的家族商號和商鋪等形式。不容置否，中文「家族企業」與英文「family business」指的是同一研究對象，然而稍加推敲就會發現這個翻譯值得商榷。國外家族企業研究通用的是 family「business」，而少用「firm」、「company」或「cooperation」等中文也譯作「企業」的詞彙，這些詞語實際上特指某種企業，不能涵蓋所有企業類型。橫向來看，「家族企業」的譯法未涵蓋規模較小的家庭式企業，儲小平（2004）認爲家族企業的規模可小至家庭式作坊，也可大到一個「企業帝國」。縱向來看，家族「企業」的譯法排除了中國歷史上的家族商號、商鋪等家族 business 形態。Business 的涵義很廣，單獨使用時意爲「商業、生意」等，而在講企業形態且與 family 連用時，才被理解爲是家族企業。隨著近現代經濟組織的興起，企業和公司的概念逐漸應用起來，business 的稱法也被沿用下來。經過對 Jstor，Springer 等數據庫的搜索，可檢索到的「family business」的文字形式最早可見於英國 17 世紀中葉的信件中；而從英國商業史的角度來看，家族式經營的商人貿易還要早得多。因而，對於目前非常熱門的家族企業長壽榜單，用 family business 來表述西方家族企業最初的作坊或者貿易形態是準確無誤的，而中國的企業只能追溯到近代中國從日本從西方引進的「企業」一詞，並且由於引入此領域研究較晚，人們大多聯想到的是現代企業。「家族企業」的稱法將中

國長達兩千多年的歷史上家族經營的經濟活動排除在外，比如從先秦時期范蠡[註1]家族經營的生計，到明、清時期商幫的家族商號、商鋪等。

根據 European Commission（2009）的研究報告，僅歐洲國家關於家族企業的定義至少就有九十種，即使在一個國家內也同時適用多種不同的定義。對現有應用較廣的定義進行梳理後，可以看出現代家族企業定義爭論的焦點主要集中在這些要素：所有權（Family Ownership），經營管理權（Family Management），是否實現代際傳承（Generational Succession）。

1. 家族對企業資產的所有權。所有權是界定家族企業最首要的一個因素。Barnes & Hershon（1976）強調控股權，Lyman（1991）認爲家族應完全擁所有權。除了對質上的討論，也有許多學者對所有權的比例進行了界定，Donckels & Frohlich（1991）認爲家族應掌握 60%所有權；竇軍生（2008）提出 50%這一量化界限；隨著家族企業定義的廣義化，後來又有學者提出 15% 的界限（Poza，2009）。考慮到不同國家和地區的情況，具體數值並沒有達成一致，於是更多學者模糊化了這一數量，謹慎地採用了較早給家族企業下定義的 Chandler（1977）的「大多數、大部分」這種字眼（潘必勝，2009；Nordqvist & Zellweger，2010）。

2. 家族經營管理。一般來說，中小型家族企業的所有者與管理者往往高度統一；在較爲大型和現代的企業中，家族對企業的所有權並不占絕對優勢時，管理權將成爲界定家族企業的重要標準。在分析美國現代工商業後，Chandler（1977）認爲家族人員佔據管理層的高層職位的是家族企業；孫治本（1995）認爲當一個家族或數個具有緊密聯盟關係的家族直接或間接掌握一個企業的經營權時，這個企業就是家族企業；Chua，Chrisman & Sharma（1999）在定義家族企業時則用了「管理權或治理權」；潘必勝（2009）定義家族企業時強調一個或數個具有緊密聯盟關係的家族，擁有企業全部或部分所有權，並直接或間接地掌握企業經營管理權。

3. 家族代際傳承。有些學者將企業實現家族傳承作爲判斷家族企業的標誌。企業的傳承是企業得以繼存的核心（Handler，1994）；Churchill & Hatten（1987）把家族成員對企業的繼承管理看作家族企業的重要特徵；Lindsay &

[註 1] 《史記・貨殖列傳》中提到范蠡易名陶朱公後，「以爲陶天下之中，諸侯四通，貨物所交易也……後年衰老而聽子孫，子孫修業而息之，遂至鉅萬」。實際上范氏家族的經營傳遞了多代。

McStay（2004）甚至用實證證明第一代創業企業不能算作家族企業。不少學者把這一限制條件放寬到創業家族有將企業傳遞給下一代的主觀願望。Shanker & Astrachan（1996）認爲家族具有爲後代保留企業控制權的意圖即可；Chua，Chrisman & Sharma（1999）則描述爲存在「潛在的」代際傳承；Poza（2009）認爲家族至少是有著企業能代代相傳的夢想；Nordqvist & Zellweger（2010）也贊同只要有第二代家族成員有一些參與，並且有將企業傳遞給下一代的雄心即可。這種說法還是比較值得借鑒的，大多數第一代創業者或多或少都有將企業傳下去的願景，很難說動用了家族熱情和資源創立的企業只因還沒傳承到第二代，就不被認爲是家族企業；就目前中國家族企業來看，還有相當一部分未實現代際傳承，但大多數研究並沒有把它們排除在外。

　　就以上幾個界定家族企業的基本標準是否兼具也是存在爭議的，有學者認爲只需符合單一維度即可，如家族控股或掌握管理權，而更多學者認爲應該從多維度來定義和界定家族企業，具體情況可見表 3.1。

表 3.1　家族企業不同維度定義總結表

單　一　維　度	多　維　度	其　他
所有權 -Littunen & Hyrsky（2000） 所有權或管理權 -Filbeck & Lee（2000） -Astrachan，et al（2002） Dyer（2003） 實現代際傳承 -Tan & Fock（2001）	所有權（和／或）管理權（和／或）實現代際傳承 -Chua，Chrisman & Sharma（1999） -Klein（2000） -Astrachan，et al.（2002） -竇軍生（2008） -Mandl（2008） -Poza（2009） -Nordqvist & Zellweger（2010）	家族性（Familiness） -Habbershon，et al.（2003） -Pearson，Carr & Shaw，（2008）

資料來源：據文獻整理

　　儘管學者們對家族企業的定義爭論不休，但現實研究中證明無論採取何種標準的研究都被納入家族企業研究範疇。本研究認爲在進行具體問題研究時可以對不同類型家族企業進行界定。從更爲廣義的視角來看，古代的家族經營的商號、商鋪當然也在家族企業研究的範疇之內。

第二節　中國社會資本的特點

一、歷史和文化的視角

　　人類學者拉巴爾（La Barre）曾說：「中國文化把人際關係發展成爲一門精妙而高超的藝術」（金耀基，1992）。強調中國文化的研究者認爲，社會關係、社會資本這個主題之所以在中國有特別的意義，是因爲它指出整個中國社會關係的某種普遍而持久的特徵，它與中國社會的文化倫理、社會組織形態或者社會轉型方面的深層特徵緊密相連（紀鶯鶯，2012）。也就是說，中國特色的社會關係、社會資本對社會制度有著重要的影響。關於文化對於制度變遷的意義，North（1990）給出了其解釋，他認爲在非正規制約中，文化特性具有頑强的生命力，而且大部分文化改變是逐步的。文化影響了制度演變的過程，並且變遷是逐步的、最慢的，是一種制度變遷路徑依賴（path dependence）的來源。因而在對不同國家進行研究時，不能忽視文化的重要作用。

　　社會資本是近幾十年才發展起來的概念，中國社會結構和人際關係等問題最早是從文化的視角來解釋的。從文化視角解釋不同國家的發展問題，韋伯（Weber）是位先行者。對不同宗教文化背景下的社會結構、人與人關係之分析，韋伯的理論深遠地影響了中西比較研究。韋伯（1905）認爲建立個體與神聖存在之間的抽象關係是清教倫理的目的，而在這種前提下，社會中的抽象個體之間則要建立起普遍的、無差別的個人關係。這就削弱了血緣關係的紐帶，從而建立起基於共同信仰的、個體相對獨立的人際關係。不同於西方，儒教倫理影響下的社會關係，則試圖構造出從個體在倫理關係體系中的位置，這使得個體被固定在血緣共同體的格局裏。

　　費孝通（1948）提出的「差序格局」概念對社會科學領域中國傳統社會人際關係網絡研究產生了深遠的影響。他認爲西方社會人們之間的關係結構像一束束的「捆柴」，「每一根柴在整個挑裏都屬於一定的捆、紮、把。每一根柴也可以找到同把、同紮、同捆的柴……在社會這些單位就是團體。」而中國社會則「好像把一塊石頭丟在水面上所發生的一圈圈推出去的波紋。每個人都是他社會影響所推出去的圈子的中心。被圈子的波紋所推及的就發生聯繫。每個人在某一時間某一地點所動用的圈子是不一定相同的。」「從生育和婚姻所結成的網絡，可以一直推出去包括無窮的人，過去的、現在的、和

未來的人物……這個網絡像個蜘蛛的網，有一個中心，就是自己。」梁漱溟（1949）用「倫」來解釋中國人的社會關係。認為中國社會既不是個人本位，也不是集體本位，而是「倫理本位」的。「人一生下來，便有與他相關係之人（父母，兄弟），人生且將始終在與人相關係中而生活（不能離社會），如此則知，人生實存於各種關係之上……家人父子，是其天然基本關係；故倫理首重家庭。父母總是最先有的，再則有兄弟姊妹……出來到社會上，於教學則有師徒；於經濟則有東夥；於政治則有君臣官民……隨一個人年齡和生活之開展，而漸有其四面八方若近若遠數不盡的關係。是關係，皆是倫理；倫理始於家庭，而不止於家庭。」「倫理關係即表示一種義務關係；一個人似不為自己而存在，乃彷彿互為他人而存在者」（梁漱溟，1949）。

儘管今天的社會環境已經發生了巨大的變化，但這些解釋仍有著重要的價值。自 1980 年代以來，學術研究以完全嶄新的面目示人，中國人際社會關係網絡的研究也逐漸成為一門「顯學」（紀鶯鶯，2012）。這一研究潮流先是由港臺的一批學者展開的，如金耀基、楊國樞、黃光國等較有代表性的學者對社會關係的文化屬性進行了深入剖析。

金耀基（1992）主要從儒家文化的角度對社會關係進行了分析。他認為，在儒家社會理論中，人是一種關係的存在，從來不存在獨立於他人的人的概念。誠然在儒家經典中是找不到「關係」一詞，因其是一個比較現代的詞彙，但「關係」對應的正是儒家的「倫」字。「倫」意指秩序，更具體地說是指存在於個人之間的「等差秩序」。可見，這種觀點與費孝通和梁漱溟的解釋一脈相承。「在中國社會中，在拉關係的過程中最具共同性的歸屬性特徵就是地域、親族、同事、同學、結拜兄弟和師生關係。應當記住的是，共有的歸屬性特徵作為群體認同的基礎並不是固定不變的，人們可以在此一時在共有的親族特徵的基礎上形成一個群體，又可以在彼一時在共有的方言特徵的基礎上形成一個群體……例如，地域可以指一個自然村落、縣城、城市或省份，甚至還可以指不同省份的地域性群體（如冀魯同鄉會）」金耀基（1992）。

楊國樞（1992）將中國人的人際關係按照親疏程度分為家人關係、熟人關係和生人關係三個類型。家人關係適用「責任原則」，家人關係所形成的圈子居於「差序格局」的核心；熟人關係適用「人情原則」，實際上是一種情感性行為修飾下的社會交換關係；生人關係則適用「利害原則」，生人之間可以不關心情面，只關心「利害」，可以討價還價。師從楊國樞的黃光國（1987）

則將中國人的關係分為情感性關係、混合性關係和工具性關係三個類型。其中混合性關係的運作既包含情感性行為，也包含工具性行為，是最特別的和值得研究的關係類型，詳見圖3.1。這些研究則將中國人的社會資本從血緣擴展到更廣的層面。

圖 3.1　人情與面子的理論模型

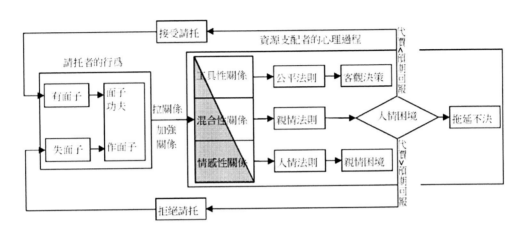

資料來源：Hwang（1987，p.948）

二、關係和結構的視角

　　如前所述，文化層面的變遷速度總是最為緩慢的，當今中國社會資本的屬性自然仍有著上節所描述的許多特性。但是，經歷了近幾十年政治和社會的變革，目前中國又處在了社會和經濟轉型時期的背景之下，此時中國人的社會資本也處於一種相對複雜的狀態。可以說，中國現代社會資本的特點主要是受社會關係、社會結構和歷史文化共同影響的結果。

　　近幾十年對中國社會關係的強制性變革最大的影響莫過於新中國後的一系列政治活動，新生的共產黨政權在很大程度上改變了中國人際關係的模式，希望能夠建立一套新的社會關係模式，以一種普遍主義的同志關係取代特殊主義關係（Vogel，1965）。新政權同時也建立了一種特殊的科層制，結構性科層制在新中國得到迅速發展。這要主表現在科層制體系在新中國建立初期迅速擴張，整個經濟與社會其他部門（如教育、醫療、媒體等等）都服從於科層制的控制，工作、住房、醫療、教育等等也主要通過科層組織分配（Whyte，1986）。後來的文化革命，對傳統儒家文化影響下的社會關係進一

步破壞，甚至出現「殺熟」〔註2〕的現象。

　　改革開放後，中國的社會關係出現了新特徵，人際關係的工具化維度增強，這主要表現在它可以侵蝕科層制從而獲得資源，同時由於市場經濟的發展，人際關係得以「商品化」，但同時又存在著許多以特殊主義紐帶爲區分維度的群體，比如科層制的「單位」。工具主義和商品化取代「同志關係」成爲社會關係最重要的特徵。文革期間資源匱乏，而當時的分配結構使得人們不得不利用各種特殊關係獲取資源，而改革開放後，以經濟工具主義爲基礎的私人倫理得以建立，這兩個原因結合起來重塑了中國社會關係的新特徵（Gold，1985）。但是同時，中國歷史文化傳統對中國人社會關係影響深遠，特殊主義、宗族關係、互惠原則、服從權威等強固的傳統要素仍然存在，並在文化大革命之後獲得了復興的空間（Gold，1985）。可以說，Gold 強調的中國的「關係」模式是宏觀政治經濟條件與傳統中國人行爲模式共同作用的結果（紀鶯鶯，2012）。

　　更具體地說，在政治、經濟和社會都處於轉型時期的狀態下，目前中國人的社會關係網絡多以「圈子」的現象呈現，人們也習慣於結交各種「人脈」和「關係」。就企業組織領域來說，如組織內部的承包、團隊、內部創業，組織外部的商幫、外包網絡、小企業網絡等等都是企業組織圈子的表現。由於長期受西方管理理論影響，這些圈子現象往往受到負面評價。但在這種現象背後，實際上存在一種獨特的自組織（self organization）的治理機制（李智超與羅家德，2012）。熟人其實是一種工具交換關係，但卻在情感性行爲的修飾下（Luo，2005），人們在交換後會有一個「人情賬」，待以後有機會償還。可以說這是一種基於信任的關係合約，這種合約是一種沒有正式治理機制的長期交換合約，交換的次數和標的物都不明確，交換依據雙方的善意進行（李智超與羅家德，2012）。這種「人情」和交換關係實際上與 Coleman（1988）所描述的「欠條」（credit slip）是類似的，只是在不同的社會裏可能這種義務和期望的程度有所不同。但作爲中國人差序格局與人情交換的特質，圈子又與西方社會小團體（clique）有明顯的不同，中國圈子中有「能人現象」，也即圈子的中心性很高，並且中國人圈子裏的關係強度很高。這使得圈子容易發展出自我的、同時可能被社會認可的規範（李智超和羅家德，2012）。

〔註2〕「殺熟」一般是指絞盡腦汁、不擇手段地專賺、專騙熟人錢物，損人利己的行爲。

第三節　社會資本的層次、屬性和分類

由於社會資本理論仍然不夠成熟，其概念、屬性等問題仍然存在著較大爭議。這就導致了社會資本難以應用到一些具體研究當中。本研究嘗試對社會資本的層次、屬性和分類進行討論，在此基礎上再將其應用到家族企業與商人研究之中。

一、社會資本的屬性討論

一般而言，根據排他性（可以阻止一個人使用一種物品的特性）和競爭性（一個人使用一種物品而減少其他人使用該物品的特性）兩個判斷標準來劃分物品的屬性，可以將物品劃分為公共物品、俱樂部物品、共有資源和私人物品四大類。

表 3.2　物品的屬性

	非　排　他　性	排　他　性
非競爭性	公共物品	俱樂部物品／自然壟斷
競爭性	公共池塘資源物品／共有資源	私人物品

資料來源：周生春和范燁（2009，p.108）

不同於物質資本明晰的屬性，社會資本的物品屬性是個比較具有爭議的問題，不同學者對社會資本的公共物品和私人物品兩種屬性有不同的看法。Coleman（1988）和 Putnam（1993）都強調社會資本的公共物品屬性。Coleman 認為社會資本是產生於人與人的交往的，它存在於人與人之間，而非存在於個人身上或者某些物體內部，其區別於物質資本和人力資本的根本特徵就是其公共物品屬性：製造社會資本的行為人僅僅能夠利用社會資本的一小部分好處而已，這個事實導致了社會資本的投入不足。Putnam（1993）早期對社會資本的定義與 Coleman 有著相似性，他認為社會資本與社會組織的特徵有關，比如網絡、規範和信任，這些特點利於協調和合作以達到組織共同的利益。他認為社會資本存在於社會關係和社會規範之中，不同於傳統的資本的屬性，它是一種公共物品。與其他公共物品類似，從乾淨的空氣到安全的街道，社會資本趨向於供給不足，這意味著社會資本是一些社會活動的副產品。Coleman 和 Putnam 都是以人們參加的社團為視角來研究社會資本的，這是他

們推斷社會資本類似公共物品的主要原因。

Dasgupta（1999，2005）將社會資本定義爲人與人之間的關係網絡（interpersonal networks）。在此基礎上，通過與其他類型資本尤其是人力資本的類比，認爲社會資本具有私人物品屬性。他認爲社會資本的價值能夠反應在個人的工資薪水裏，從一定程度上說社會資本甚至是人力資本的一部分，這也就意味著社會資本可以被認爲是一種生產性的私人資本。Putnam（2000）後來對社會資本的屬性的看法有了一定變化，在《獨自打保齡：美國社會資本的衰落與復興》一書中，他將社會資本定義爲社會中個人之間的相互聯繫，也即社會關係網絡，以及由此產生的互利互惠和互相信賴的規範。他認爲從一定程度上說社會資本即可以是公共物品，又可以是私人物品。因爲有的社會資本的好處會惠及到外人，也即具有外部性，但有的社會資本投資所得的利益最後會返回到投資者本人。

二、社會資本的兩個層次與屬性

學者們對社會資本屬性問題的爭議主要源於他們對定義的理解不同，對社會資本的層次或分類也存在差異。隨著相關研究的越來越細緻和深入，對社會資本進行分層或分類也越來越有必要。

Woolcock（1998）認爲社會資本研究大致分爲兩個方向：基於不同文化群體層面的企業家研究，和基於宏觀層面、政府與社會關係的比較制度研究，這兩個方向可以統稱於基於微觀層面的「經濟發展的新社會學」研究。Woolcock 認爲這兩個維度可以被分別概括爲「嵌入性」（embeddedness）和「自治性」（autonomy）的。

Brown（1999）認爲社會資本可以按照系統主義「要素、結構和環境」的三維分析被劃分爲微觀、中觀和宏觀三個分析層面。微觀社會資本是指個人可以通過建立社會關係來獲得通向所需資源（如信息、工作機會等）的途徑；中觀層次的社會資本包括個人因其在社會結構中所處的特定位置而對資源的可獲得性；而社會資本的宏觀分析關注的則是在團體、組織、社會或國家中某一行動者群體對社會資本的佔有情況。

Putnam（2000）將社會資本分爲連接性（bridging）社會資本和黏合性（bonding）社會資本，或者稱爲兼容性（inclusive）和排他性（exclusive）社會資本。前者的眼光向外看，包容各個社會階層的成員，如民權運動，青年

服務組織等等。這類社會關係有助於獲得更多，能產生更廣泛的互惠規則。而後者的形式是以關注自身為重點，傾向於強調小團體的地位，比如按種族區分的兄弟會，以教會為基礎的婦女讀書會等。這類社會資本有助於加強特定的互惠原則和成員間的團結，會使人們局限在自己的小圈子裏。Putnam 還認為連接性社會資本與 Granovetter 的弱關係類似，而黏合性社會資本則與強關係類似，但兩者考察的維度並不盡相同，Granovetter 主要是從網絡的角度上來考慮的。

Aldler & Kwon（2002）在對多位比較有代表性的學者的社會資本定義進行分析後採取了一種兩分法，將社會資本分為了外部社會資本（external）和內部社會資本（internal）兩種。這兩者分別對應 Putnam 的連接性社會資本和黏合性社會資本。外部性社會資本對不同的個人或企業在競爭中的成功比較有解釋力，個人或團體的直接或間接的社會關係網絡起到了很大的作用；而內部社會資本對於解釋集體行動者的內部特點有很強的解釋力，內部的聯結有助於組織或團體的內部凝聚力的加強，從而可以提高集體行動水平進而達到集體目的。

趙延東和羅家德（2005）將社會資本分為個體社會資本與集體社會資本。個體社會資本即所謂的外部社會資本或私人物品，除了微觀的個人關係及這些關係中所蘊涵的資源外，也包括個人所佔有的網絡結構位置能帶來的資源。集體社會資本則指內部社會資本或公共物品，除了宏觀的群體內部的社會聯結與互信外，也包括促成集體行動並創造資源的群體的結構方式。

以上分析實際上都是將社會資本歸集為兩個維度，Brown 的微觀和中觀層面的社會資本實際上都立足於個體層面。這幾位比較有代表性的學者的觀點儘管用了不同的術語來表達社會資本的不同維度，但這幾種分類都有著一定相似性。可以將這幾種不同的觀點之間的聯結關係大致總結如下：

個體社會資本—微觀社會資本—外部社會資本—黏合性社會資本
集體社會資本—宏觀社會資本—內部社會資本—連接性社會資本

因此總的來說，社會資本可以從兩個維度上進行分類：個體的、微觀的社會資本和集體的、相對宏觀的社會資本。在這種分類的基礎上，社會資本的物品屬性則相對容易界定了。總體而言，個體、微觀層面的社會資本以個體為基本載體，具有私人物品的屬性；集體、宏觀層面的社會資本體現為社會整體的特徵，具有一定的俱樂部物品也即「準公共物品」的屬性，而當這

種集體上升到更大規模時，比如一個國家、文化群體，則這種物品會更接近公共物品的屬性。爲簡潔起見，本研究在下文中統稱爲個體或集體層面的社會資本。

對應個體和集體社會資本這兩種不同分類，研究的對象並不盡相同。就企業研究來說，尤其是家族企業，受到企業家個人的影響相對較大，因而從企業家個人角度出發來研究企業的社會資本比較合理。並且企業本身也是一種組織，而企業或者企業家可以以會員的身份加入一些商人團體，比如行業協會，商會。因而無論是企業這個組織本身，還是以企業家或企業爲成員的商會，都是社會資本的重要載體。就家族企業本身而言，家族企業的社會資本體現在組織和個體兩個層面，組織層面的社會資本反映了家族企業作爲特定的企業組織所掌握的資源，具有俱樂部物品的屬性；個體層面的企業家社會資本，代表了企業家特殊的能力和資源，因而具有私人物品的屬性（周生春，范燁，2009）。進一步的，以私營企業爲主要成員的商會等團體的社會資本屬性則更直接地體現了其準公共物品的性質。由於家族企業本身實質是科層組織，就科層組織而言有一套完善的研究體系。但將企業作爲一個行動者，或者企業家作爲企業的代表，加入的商會、行會等組織，則更具有自治性質，其集體行動的特點也更明顯，而科層性則要遠弱於企業組織本身。因而本研究在集體層面社會資本的重點關注對象是商會和行會等自治性較強的企業、商人團體組織。

三、基於信任的社會資本分類

（一）信　任

信任與社會資本緊密相關，血緣關係、家族關係、泛家族關係中間會存在著深入的、特殊的信任，從而產生相對特殊的社會資本，是最爲基礎的社會資本形態；而基於非血緣關係的社會交往也會產生信任，這種信任分爲較爲特殊的信任和較淺的、一般的信任，在此基礎上人們之間的聯繫則是社會中更爲廣泛的一種人際關係，這也是陌生人之間建立聯繫，進而開展合作或交易的前提。顯然，特殊信任是與人格化交易相關的，而一般信任則容易產生非人格化交易。對這兩種類型的信任，Luo（2005）分別將其稱爲特殊信任（particularistic trust）和一般信任（general trust），前者是一種基於私人的、兩元的關係，而後者則是對自然和道德秩序的期望的滿足。在一般信任下，一個人會相信一個完全的陌生人，只因爲他相信人們會遵守一般的規則秩序。

　　Weber（1915）在比較儒教和清教兩種文化時，認為中國人彼此之間的不信任是非常典型的，作為一切商業關係之基礎的「信賴」，在中國總是奠基在純粹（家族或擬家族）的個人關係之上的；而受清教影響的人們則打斷了氏族的紐帶，建立起優越的信仰共同體，這種共同體對立於血緣共同體，在很大程度上與家庭對立，從經濟的角度來看，這意味著商業信任的基礎建立在個人的資質上。不難看出，Fukuyama（1995）的理論在很大程度上是韋伯觀點的延伸和發展。在他看來，傳統中國社會中人們僅對家族成員有著強烈的信任，對於沒有血緣關係的人認為都是不可信的。「在傳統中國社會裏，財產權的制度沒有上軌道，因此在中國的大半歷史上，租稅課徵極為反覆無常……在這種環境下，強勢的家庭制度可以視為抵禦險惡多變環境而不得不然的機制，農人唯一能夠相信的人就是他們自己家族的成員，因為外人對他們並沒有互惠的權利義務感情……由於大多數農戶的生活條件永遠處於飢餓的邊緣，他們也不可能對朋友或鄰居慷慨。」當然，這種觀點也值得商榷。

（二）信任與不同層次、類型的社會資本

　　個體和集體兩種不同層次的社會資本，是否是兩種不同的概念，它們之間是否有所聯結呢？對這兩種研究視角，林南（2005）認為儘管兩者在功用或結果評估層次上有差異，但是所有學者都堅信，互動中的成員維持和再生產了這種可能的社會財產，而這種共識牢牢地將社會資本置於新資本理論的陣營。也就是說，實際上兩個維度的社會資本並不是完全不同的研究方向，它們是有區別但又互補的（Woolcock，1998）。社會資本研究的出發點歸根到底是要落實到一個個的個體上，一方面，個體本身就能從集體當中獲取一定資源，團體或組織既是集體行動主體，也是資源彙集和交流的平臺；另一方面，從一定程度上講，集體維度的社會團體或組織，實際上也可以看作是一個聯合的行動者或參與者（corporate actor）（Coleman，1988）。從這一角度看，這些聯合參與者如同在宏觀層面的一個「擬制」的「人」，如同個人一樣，在經濟社會的舞臺上進行博弈或資源獲取。

　　根據社會資本的範圍，就宏觀的、集體的社會資本來看，集體的範圍小可至一個家族，一個鄉村或協會，大則可至一個市場、社會、國家、文化群體，甚至整個人類社會。而這些群體無論規模大小，其內部社會資本的形成都是由人與人之間的交往形成的。根據人與人之間的信任基礎和信任程度，

這些規模不同的群體中社會資本又可以進一步細分，比如以家族爲單位時，社會資本是以血緣、親情爲基礎的，以鄉村爲單位時，社會資本是以地緣性爲基礎的，這時人與人之間的關係對應的是特殊的信任；以協會等爲單位時，社會資本可以是以共同的興趣愛好或行業爲基礎的，這種社會資本對應的信任以友情、交往爲基礎，屬於較爲特殊的信任；而以市場或國家爲單位時，社會資本則是基於普遍的信任，是市場型或公民型的，這時社會資本則更貼近 Putnam 所強調的連接型社會資本。

在這兩種劃分基礎上，根據社會資本的經濟功效，還可以將社會資本進一步劃分爲權力型社會資本和市場型社會資本，前者是建立在特殊或較爲特殊的信任基礎上的，在血緣、友緣或地緣關係中容易產生，比如政治關聯；後者則建立在較爲普遍的信任基礎上，產生於較爲自然的友緣、地緣、業緣關係，以及更爲廣泛的市場關係。因而從這一考慮來講，信任與社會資本的層次、類型的關係可以用圖 3.2 來表示，而聯結和劃分兩個層次和不同類型社會資本的關鍵和紐帶在就於信任的基礎。圖 3.2 體現了四個方面的含義：一，社會資本本身大致的一個演化路徑；二，個體所接觸的社會資本的廣度的變化規律；三，根據內部個體社會資本的廣度所對應的集體社會資本的規模；四，對應不同信任基礎、範圍類型的社會資本的功效。但是需要說明的是，不同階段各種類型的社會資本總是同時存在的，這種劃分僅爲一種大體趨勢的抽象化和總結。

圖 3.2　信任與社會資本

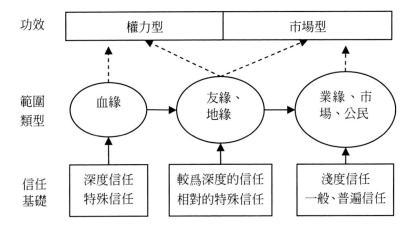

第四節　制度環境、社會資本與家族企業

一、家族企業的社會資本：一個歷史、動態的視角

（一）從地域性家族商人群體到現代家族企業：一個長時段的歷史視角

不同的經濟環境和歷史中所採用的不同制度，爲我們考察制度的性質和內涵提供了獨一無二的源泉（Greif，1996）。著名的年鑒派歷史學家布羅代爾主張將研究歷史的眼光放到更長的時段，他認爲長時段是社會科學在整個時間長河中共同從事觀察和思考的最有用的河道（Braudel，1958）。在長時段的歷史結構中，政治、經濟、社會、文化等各種結構的變動都得以較爲完整地觀察，長時段的歷史思維和解釋方法也成爲其他人文社會科學中共同的時間觀。

有關家族企業、社會資本以及制度的研究可謂汗牛充棟，大量的研究、尤其是社會資本在企業研究領域的引入，爲解釋當下中國的企業發展相關問題提供了豐富的素材。然而，歷史的、動態的制度環境和社會資本的關係，以及家族企業本身的演變，則有待進一步探究和整合。當代的中國民營經濟的歷史相當短暫，在解釋企業的社會資本上僅僅涵蓋了三十幾年的歷史。但中國的私營、家族式的經濟組織形式實際上有著悠久的歷史淵源，尤其是較爲近代的明清時期，家族式、地域性的商人和商人群體爲中國經濟史增添了濃墨重彩的一筆。並且，百年的歷史劇變儘管在制度上造成了一定割裂，中國的政治、經濟制度、社會結構上也發生了翻天覆地的變化，但在社會形態，尤其是一些文化傳統、社會規範等非制度因素上，自上世紀 80 年代以來逐漸得到恢復（Gold，1985）。將研究的時間線回溯到明清時期的家族商人，這對解釋制度在歷史文化上的路徑依賴有著重要的意義。

（二）制度環境、社會資本與家族企業成長：一個動態視角

無論是從明清時期到現代時期的長歷史時段，還是現代中國社會經濟從計劃經濟向市場經濟轉型，總的來說，企業的制度環境總體是向前邁進的。尤其是經濟進入轉型時期以來，制度環境得到了極大的改觀，適應市場經濟的正式制度建設一直處於進行式中。同時，家族企業本身也是有一個成長過程。家族企業成長是一種有意識地利用各種資源獲利的組織過程（張玉利和

任學鋒，2001）。在從無到有、從小到大的發展過程中，家族企業會不斷利用各種資源，尤其是在體制的夾縫之中運用自身所特有的社會資本來實現自身利益最大化。社會資本爲家族企業獲取資源提供了網絡通道，這種通道起到了節約交易成本、促成交易等作用。從這個程度上講，家族企業成長的核心是如何與社會資本進行融合（儲小平和李懷組，2003）。

　　不僅制度環境是變化的，家族企業的形態是成長的，並且家族企業的社會資本本身的形態隨著企業的發展、環境的變化也會呈現出動態的變遷。總的來看，家族企業的社會資本大致經歷了一個「血緣／地緣／友緣—業緣—基於普遍的信任的社會資本」的一個發展進程。當然，這只是對企業家社會資本應用程度的一個大致趨勢，這幾種形態往往是並存的，只不過在不同時段不同類型社會資本起作用的程度不同。制度、社會資本與企業成長本身三者之間的關係，可以由圖 3.3 來表示。這也是家族企業成長的一個大致規律，創業之初，企業家個人及其家族成員、親屬、朋友在資金籌集、人力資源提供等方面起到了重要的作用；隨著企業規模的擴大，企業要進一步擴張，需要在融資和市場等方面接觸更多的資源，這時候需要接觸更廣泛的社會資本；而隨著企業的成熟和分化，同時市場和制度環境也不斷完善，市場則在企業運行中扮演越來越重要的作用，這時市場型社會資本則會發揮更大的作用。這種規律在轉型時期的中國更爲適用。

圖 3.3　制度環境、社會資本與家族企業演化

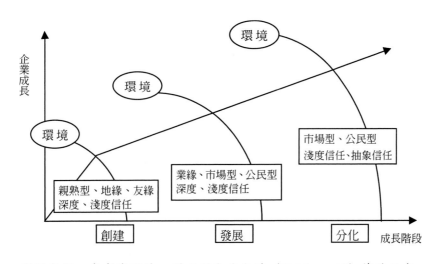

資料來源：參考樂國林，張玉利和毛淑珍（2006，p.45）修改而成

二、集體層面的社會資本：社會資本與商人集體行動

與現代企業相比，在制度環境不利於私人產權保護的明清時期，商人們更傾向於運用社會資本的力量，此時集體層面的社會資本的表現尤爲突出。明清商人在社會資本作用的基礎上形成集體行動，從而補充了正式制度的缺乏，這與現代商人在集體層面的社會資本相比更具有典型性。

（一）集體行動、「搭便車」與社會資本

集體行動是如何達成的呢？據 Olson（1965）的集體行動理論，簡單的邏輯是，具有潛在共同利益個人組成集團可以增進共同利益，從而促進集體行動，最終個人的自身利益得以滿足。因而這個邏輯是建立在集體中的個人行動都是爲了自身的利益這一假設基礎上的，也即完全理性人假設。同時，Olson 發現，具有共同利益的集體並非必然產生集體行動，其根源就在於由於集體共同利益是一種公共物品，這就容易產生「搭便車」現象，也即成員不付出成本也能坐享收益。因而，據其理性人假設，一個理性的人是不會參與到集體行動中來的。針對搭便車問題，Olson 提出了強制和選擇性激勵是解決「搭便車」現象的有效方案，具體是指對參與集體行動的人提供除公共物品外的額外獎賞，而對搭便車的人給予懲罰，但前提是針對較小團體的集體行動。這是從制度設計機制上對搭便車問題進行了解決。

但問題是，基於這種假設，每個人從理性的角度都會預計另一方會背叛，從而讓自己做傻子承擔苦果。也就是說，儘管有共同利益的誘惑，但很可能由於博弈者基於理性考慮，是否能首先形成一個團體都難保證。這也告訴我們完全理性的個人在某些情況下，很可能會做出從全體當事人的角度看是「非理性的」行爲。如果行動者無法互相做出可信的承諾，他們只好放棄眾多可以共同獲益的機會，很可悲，但很合理（Putnam，2000）。學者們逐漸意識到，要解釋集體行動中的大量合作行爲，單純基於理性假設的模型已經不夠了。

North（1981）較早批評了 Olson 純個人主義的理性假設，從搭便車的角度，他認爲大團體的集體行動是不應該發生的。爲了解釋這種「不應該發生的」現象，North 提出了一種意識形態理論。他認爲，一個成功的意識形態，可以克服搭便車問題，「促進一些群體不再按有關成本與收益的簡單的、享樂主義的和個人的計算來行事。」而離開這樣的行爲，「無論是維持現存的秩序，還是推翻現存的秩序」都是不可能的。Sugden（1984）則分析了互惠原則在公共物品的自願提供中所起的作用。無論是意識形態、還是互惠原則，North

和 Sugden 僅僅是運用了一些簡單的概念，這些概念顯然與社會資本的內涵密切相關。於是 Putnam（1994，2000）、Ostrom（1998）、Aoki（2001）等學者則將社會資本的概念引入了集體行動的邏輯。對這種困境，運用霍布斯式的第三方強制解決機制不一定是行得通的，因爲第三方的公正本身就是一種公共物品，要使第三方執行能夠運轉，第三方本身必須是可信的。博弈論引入後，博弈理論家們一般都同意，當人們進行的是無限重複博弈時，背叛者在以後的博弈中會受到懲罰，合作因此應該容易些。這一原則得到了廣泛的認可（Putnam，2000）。

　　而這種博弈能夠進行的初始原因是什麼呢？面對這種集體行動悖論和投機行爲，要成功超越必須依賴更廣泛的社會背景（Putnam，2000）。Putnam 將社會資本的概念引入進來，在社會資本作用的前提下，在一個擁有大量社會資本的共同體內，自願的合作才會更容易出現。而這些社會資本即包括信任、互惠的規範和公民參與的網絡。Putnam 列舉了在許多國家都有出現的一種叫「輪流信用組織」的非正式儲蓄組織的例子，這種組織的成員每個月都會交出少量錢，形成一個小的資金池，同時每個月都會有一名成員獲得資金池中的大筆錢自用，比如操辦婚禮，購買大件物品等等，下個月輪到其他成員拿這筆錢，而每個成員仍固定地按月交錢。這種打破了集體行動困境的行爲是如何做到的呢？原因即在於社會資本的力量。這些成員的挑選的前提是其具有良好的信譽，人們借用了原有的社會聯繫來解決信息不完全和執行方面的問題（Putnam，1993，2000）。在 Putnam（2000）看來，規範是被灌輸出來的，是由模式、社會化（包括公民教育）和懲罰來維繫。

　　Ostrom 的研究進一步給出了更細緻和具體的答案。Ostrom（1998）指出：「廣泛的經驗研究證據和多個學科的理論發展，使得對作爲集體行動研究的基礎的理性選擇模型進行擴展變得極爲必要。」她建議將對等性、聲譽、信任等社會資本概念引入集體行動研究，這些概念可以幫助解釋如何克服搭便車問題，從而獲得一種「比理性更好」的結果。在那些能夠生存數代的自治型組織裏，成員們能夠投資於一個有效的監督和懲罰機制從而降低搭便車行爲的可能性，這是自治型團體能夠持續下去的保證。對於小規模的公共資源，如阿爾卑斯山的草地，當人們在那裏生活了許多年以後，形成了共同的互惠規範和模式，這也是其社會資本。利用社會資本，他們能夠建立起制度，以解決公共資源使用中出現的困境（Ostrom，1990，2000）。Ostrom 還批判

了傳統理論中過份強調對政府作爲外部治理者的觀念，事實上，政府機構並不如資源使用者那樣掌握地方信息，可能犯各種各樣的錯誤，比如罰金太高或太低等。這種觀念也忽略了資源使用者本身博弈中就會可能產生的大量合作機制。因此，應該更加關注資源使用者自組織的治理模式。在 Ostrom 看來，社會資本是理解個體如何實現合作、如何克服集體行動問題以達到更高程度的經濟績效的關鍵所在。如果沒有社會資本，資源使用者很難選擇合作策略，也就是說，社會資本就是公共資源使用者調整博弈結構的關鍵因素和共享的社會規範，對有背叛行動的行爲人具有較強的約束力，從負面激勵資源使用者互相合作、自我組織（祖強，2010）。持類似觀點的還有 Aoki（2001），他舉了日本德川時期村莊灌溉系統的例子。當時的軍事政治權利與鄉村社會是相當分離的，而農民實現集體協作進行灌溉也正是在社區規範等社會資本的基礎上建立起了集體合作的自治機制。

公民參與的團體性網絡組織在一定程度上會解決公共物品的搭便車問題，會促進成員爲了共同利益進行合作（Putnam，2000）。而社會網絡的封閉性保證了相互信任、規範、權威和制裁等的建立和維持，保證有效動員網絡資源，當個體成爲某個組織的一員時，也能有效促進社會資本的形成（Coleman，1999）。也就是說，社會團體、組織與社會資本之間的關係是相互的。從以上理論分析中總結來看，在有限理性的假設下，信任、共同的規範、價值觀等社會資本因素是自治型團體、組織建立的基礎，而約束、懲罰機制是集體行動實行的機制性保障。儘管這些學者的集體行動、自組織治理相關理論是以資源尤其是自然資源的使用爲研究對象，但這些理論框架可以擴展到更廣的範疇。可以說，把社會資本當作一個制度分析工具來解釋集體行動問題，是目前社會資本理論之所以影響廣泛並日漸走向深入的重要原因。

（二）社會資本與商人組織

作爲集體層面的社會資本具有公共物品屬性，除了政府和市場是解決公共問題的兩個重要機制，越來越多研究表明一些群體自治性團體、組織同樣也可以扮演提供公共物品的角色（Ostrom，2000；Putnam，2000）。包括行業協會在內的社會團體在促進成員合作、解決搭便車問題和達成集體行動上具有重要的作用。社會團體提供了溝通和互動的平臺，比如個別成員過往誠信表現的信息，這有助人們選擇合作夥伴，進而促進合作。社會團體還提供一種集體的記憶，將過往一些創造公眾物品的成功經驗累積和傳遞，有利於改

進集體行動的策略（Putnam，1993）。這在商人團體中也適用。

在對歐洲中世紀晚期的商人貿易情況進行研究後，Greif（2006）發現商人在外貿易時經常發生被搶劫甚至被殺害等事件，因而出於安全考慮，商人需要強制權的保護。但單個商人和統治者之間的雙邊聲譽機制並不能完全保證統治者履行約定，常常發生統治者侵害到商人利益的情況。由此，商人則聯合起來做出多邊反應，從而有效地遏制了侵犯行為。這樣的實例在馬格里布商人中得到了展現。例如，大約在 1050 年，西西里的統治者對到此經商的馬格里布商人提高了 5%的關稅，商人們對此做出了反應，實行了聯合的貿易禁運。一年後，統治者不得不取消了額外的關稅。這就是商人團體聯合起來集體行動的結果。為了把貿易維持在有效率的水平，這種多邊聲譽機制可能需要一個組織作為補充，這個組織把商人們之間的信息共享和強制交易聯繫起來，通過對成員實行約束制裁，從而有能力協調關於貿易禁運的決定並強制執行。此類組織做出的行動超出了統治者的控制，因而統治者最好的做法就是尊重商人的權利。馬格里布商人並不是單一的例子，德國商人在布魯日建立 kontor（會館或營業所），意大利商人在佛蘭德斯建立了 nations（同鄉會），這些組織不僅起到了保護商人的基本作用，事實上也促進了貿易的大幅擴張（Greif，2006）。如前章所述，Greif 的研究引起了經濟學領域一些學者的興趣，受其啟發，Dessí 和 Ogilvie（2004），Ogilvie（2011），Edward 和 Ogilvie（2012），Dessí 和 Piccolo（2013）等學者更為明確地從社會資本角度對歷史上的商人群體進行了一系列討論，歐洲的基爾特組織中商人成員間產生的共享的規範、快速而精準的信息傳遞、有效的懲罰機制以及集體行動的有效組織等內容正是社會資本的範疇。

明清時期發展出的商人會館和公所可以說是中國歷史上出現的最為典型的商人自治型團體組織，這與 Greif 提到的歐洲中世紀商人組織有著相似之處。儘管明清時期是中國歷史上商品經濟的一個大發展時間，但工商業仍然受到政府強大的管制，尤其是異地經商的商人，在外貿易時經常遇到來自牙行、地方勢力、打行、甚至政府自身的侵犯，在產權界定和保護上，來自政府方面的正式制度相對薄弱，有時政府本身也是侵犯的主體。因而在這種情況下，商人群體會更加借助一些非正式的、自治的力量或組織施行自保。因而，來自同籍的商人，基於共同的風俗、習慣、宗教信仰等，聯合起來建立起會館、公所，從而聯結鄉誼，保護商人的利益。而會館的建立和運作機制

的保證，也正是得益於社會資本的力量。統治者對商人團體的態度上，中國明清時期與歐洲中世紀另一個相近之處在於，統治者會鼓勵那些有特殊權力和有效組織的外來商人建立相關組織，而中國明清時期的政府對會館也是默許甚至支持的態度。這些帶有自治性的中間組織在產權制度尚未確立時期的商業保護上起到了重要的作用。

將眼光轉到現代，隨著民營經濟力量的發展，現今社會上也成立起大量的商會和行業協會等組織，儘管這些組織常以自治爲治理原則，但就現狀來看，這些組織仍然受到政府的極大影響，許多團體組織的領導人甚至來自退休的政府官員，因而在很大程度上這些組織成爲商人政治關聯的紐帶。近幾年來，這些組織暴露出的問題也越來越引起政府部門的重視。今天的商人組織僅有三十年甚至更短的歷史，在研究商人自治型組織和集體行動上，明清時期的商人團體是個更好的例子。明清時期商人團體的自律性和自治機制反而會爲今天商人組織的發展提供很好的借鑒。

三、個體層面的社會資本：商人的社會關係網絡

所有經濟組織的運行，最終都會歸結到行爲人個人層面。因而無論古代的商人組織還是現代企業組織，首先都需要對商人或企業家個人進行研究。從企業家這一角度來看，無論是馬歇爾（Marshall，1890）眼中作爲第四種生產要素的企業家能力（組織），還是熊彼特（Schumpeter，1912）筆下勇於創新的企業家精神，作爲企業組織的領導者，企業家個人在企業經營過程中，乃至商業、經濟運行中的作用，都是至關重要的。作爲廣泛存在的家族式經濟組織，商人或企業家個人對整個家族企業的發展有著更爲顯著的影響。即便是大型的上市家族企業，因爲普遍存在著金字塔式控制結構（La Porta et al，1999；劉芍佳，孫霖和劉乃全，2003；蘇啓林和朱文，2003），家族實際控制人對企業的發展決策仍然起著至關重要的作用。

（一）嵌入、社會結構與社會網絡

個體層面的社會資本，也即 Woolcock（1998）所說從「嵌入」層面考察的具體的人際關係網絡當中所產生的資源，這一層面的出發點實際上是個人，進一步是人與人之間的關係。其中，Bourdieu（1986），Coleman（1988），Granovetter（1983，1985）等學者顯然都持有「個體可以從社會關係中汲取資源」這一觀點。從這一維度講，Granonetter（1985）所闡釋的「嵌入」

（embededness）概念爲個體層面的社會資本提供了一個重要解釋角度。嵌入性理論一般認爲是由 Polanyi（1944）提出的，後經 White（1981）和 Granovetter（1985）的發展，尤其是後者做出了重要創新。Granovetter（1985）在前兩者研究的基礎上提出了經濟行爲「嵌入」在社會結構中的思想，而核心的社會結構即爲社會生活中人與人之間形成的關係網絡。對這種關係，Granovetter稱之爲「社會嵌入性」（social embeddedness）。

具體來看，嵌入性表明了經濟活動關係到或者依賴於一些在內容、目的和過程上非經濟性的活動或制度，具體包括社會關係、文化、政治和宗教等內容，其中社會關係網絡是主要的被嵌入土壤。也即，主要表現爲社會網絡的社會結構即爲經濟活動所嵌入的對象。而社會網絡最終會影響到經濟活動的績效（Granovetter，2005）。這種經濟活動嵌入社會結構或網絡的考慮，是對新古典經濟學中過度低社會化（undersocialized）和原子化（atomized-actor）的極端假設、和一些試圖改革但又矯枉過正的經濟學家提出的過度社會化（oversocialized）的假設的一種恰當的折中修正（Granovetter，2005）。Granovetter（2005）對 Williamson（1975）提出的科層組織的相關理論也提出了批評，針對 Williamson 的市場低度社會化、「專用性資產」是導致科層組織存在並有效的觀點，Granovetter 認爲他忽略了市場上存在的信任關係，交易中，查詢信用、契約與訴訟等法律事務的相關費用成爲必要的交易成本，而「信任」關係可節省的正是這項防止欺詐、處理爭端的交易成本，同時Williamson 也高估了等級體系內權威的協調能力，比如公司內的浪費、聯合欺詐或內鬥內耗等都說明等級體系的權威協調未必有效。

嵌入性與社會資本的具體關係是怎樣的呢？Lin（2001，2005）對社會資本的定義也持嵌入性觀點，他認爲社會資本是在目的性行動中被獲取和／或被動員的嵌入在社會結構中的資源。社會資本包含其他個體行動者的資源（如財富、權力、聲望和社會網絡等），而個體行動者可以通過直接或間接的社會關係獲取這些資源。個體層面的社會資本的兩種重要特徵爲：一是資源可以直接或間接獲取，二是資源可以被個人擁有，也可以在其社會位置中存在。社會關係的位置資源通常比自我的個人資源要有用的多，因爲位置資源喚起的不僅是嵌入在組織中的位置上的資源，而且包括組織自身的權利、財富和聲望。又由於每個組織都處在組織網中，因此自我的社會資本的擴展超越了組織的約束。通過組織與其他組織的直接和間接的聯繫，自我的社會資本可

以擴展到嵌入在這些其他組織中的資源（Lin，2005）。

人不僅是經濟行為的承擔者，同時也是其所嵌入的社會關係網絡的建構者（Sewell，1992）。處於某種社會關係網絡中的經濟行動者在利用這個網絡中的社會資源時，嵌入性就開始產生作用，這種情況下，在這種社會網絡、資源和經濟活動的績效之間建立因果關係模型，就使得社會資本的去抽象化和衡量有了理論依據。

（二）商人個人層面的社會資本

商人或企業家個人對企業的成長起到舉足輕重的作用，而本身就受家長權威和家族成員影響的家族式企業，其所有者和實際控制人的影響則更為突出。在企業創立之初，家族企業本身就是從家族成員、親友或其他熟人關係中獲得支持並得以成長起來。隨著企業的發展壯大，企業家則需要從更廣泛的社會網絡關係中獲取資源以謀求企業的擴張。如前所述，即使上市的大型企業，其中相當數量的企業仍然存在著金字塔控股結構，因而企業的實際控制權仍然掌握在家族成員手中。此時的實際控制人個人的社會關係網絡仍然在很大程度上影響著企業的發展。因而在研究現代家族企業社會資本時，本研究會專門對家族企業實際控制人個人的社會資本進行著重研究。

在經濟學領域，社會資本相關理論在微觀層面的企業研究領域得到了廣泛的關注。如第三節分析，個體層面的社會資本具有一定私人物品屬性，可以為個體所用，並且，自 Granovetter、林南的「嵌入性」相關理論引入後，社會資本的抽象化問題的解決也有了新的思路。人們用金錢、時間和尊重等來獲得社會聯繫或社會關係，而社會網絡就是這種社會關係的形式化的描述（劉林平，2006）。

基於上述原因，個人層面的社會資本研究成為微觀層面社會資本研究的最主要議題之一，而社會嵌入性的引入則使研究者們得到啟發，開始嘗試對基於社會關係結構的個體社會資本以及其對經濟績效的影響進行測量。Gaag，Van Der & Webber（2004）總結了個人社會資本測量的三種方法，分別是名字生成法（name generator）、位置生成法（position generator）和資源生成法（resource generator）。位置生成法是在企業家社會資本測量中運用較多的一種方法，這種方法是由林南的研究團隊（Lin & Dumin）提出，其邏輯基於林南的社會資源理論：（經濟）財富、（政治）權力和（社會）地位是普遍的有價值資源，它們不是均勻分佈在社會之中，而是按照社會地位高低呈金字塔

形分佈，可以通過職業聲望來對其標識（Lin，2001）。應用更爲廣泛的一種方法是網絡關係測量方法，即直接測量企業家個人的社會關係的數量。Lin（2001）從個人中心網絡（ego-centered network）角度認爲個人社會資本可以通過個人社會聯繫（social tie）取得，並從三個方面來考慮：一是能取得資源的社會聯繫有多少，也就是聯繫的廣度（range）；二是聯繫所能達到的最高社會地位，也就是聯繫的高度（upper reachibility）；三是聯繫的多樣性（extensity）。目前來看，以社會網絡爲基礎，綜合企業家個人的社會位置、聲譽等因素來測量企業家社會資本是一種常見的研究方式。

企業家個人社會資本具體的形式是什麼呢？具體測量的指標又有哪些？就目前較爲有代表性的研究來看，Nahapiet & Ghoshal（1998）提出的結構緯度（網絡關係、網絡結構和可使用的組織）、認知緯度（共有編碼、共同語言和共有敘事）以及關係緯度（信任、規範和認同）得到了很多應用，如國內的陳愛娟、常花和王小翠（2010）即用這種方法對企業家社會資本進行了測量。邊燕傑和丘海雄（2000）用三個指標測量企業社會資本，一是企業法人代表是否在上級領導機關任過職，二是企業法人代表是否在跨行業的其他任何企業工作過及出任過管理、經營等領導職務，三是企業法人代表的社會交往和聯繫是否廣泛。Lin，Li & Chen（2006）用非正式網絡，朋友、以前的同學、行業裏的親戚，接觸到行業裏的精英和決策者，以及得到行業裏同行的認識和信任這四個維度對企業家個人的社會資本進行了衡量。這些學者的開創性研究爲社會資本的量化分析提供了十分有益的借鑒。

第五節 小 結

本章對相關理論的梳理爲下文的分析提供了基礎理論支持。首先對家族企業的涵義進行了界定，廣義的家族企業既包括現代家族企業組織，也包括歷史上的家族商號、商鋪等組織。而現代私營企業中絕大多數企業都是家族式管理，因而研究家族企業的社會資本具有代表性。其次，本章從傳統和現代兩個角度對中國社會資本的特點進行了闡釋，然後重點對社會資本的層次、物品屬性和分類進行了討論，總結出集體層面的社會資本具有公共物品屬性，而個體層面的社會資本具有個人物品屬性。但這兩個層面並不是完全割裂的，基於不同的信任基礎產生了不同層面、不同類型的社會資本。在對社會資本的層次進行分類的基礎上，本章對家族企業的社會資本進行了分

析。社會資本理論的引入解決了集體行動理論的困境，基於集體層面的社會資本在家族商人團體研究領域得以應用；基於個體層面的社會資本則在企業家個人嵌入的社會關係網絡層面得以運用，這為制度不完善時社會資本的替代補充作用提供了很好的解釋。

第四章　制度環境、社會資本與
　　　　明清家族商人

　　目前社會資本與企業的相關研究主要集中於對現代商人、企業的探討，很少有人關注到更長時段的歷史上商人的社會資本。實際上，社會資本的形式有其歷史演變的過程，考察社會資本自身形式以及其與商人、企業關係的歷史變遷，對理解當代經濟社會中社會資本與企業的關係有著重要的意義。有關明清地域性商幫的大量研究，實際上大多都涉及商幫的家族宗族網絡、社會關係和政商關係等問題，但這些問題並沒有納入一個統一的理論研究範疇。明清時期商人群體由於其強烈的地域性特點，其研究多從「幫」的角度出發，實際上，這一時期的商人基本都是以家族為單位進行商業貿易，其組織多為家族商號、商鋪等形式，而同鄉關係也可以說是一種宗族、家族關係的泛化。儲小平和羅頭軍（2001）認為，在血緣基礎上形成的以家族倫理規則和泛家族規則為核心內容的道義信用規則，以及以這種規則所形成的地緣、幫、會、社等社會關係網絡正是中國家族式企業社會資本的主要表現形式。如前章所述，Greif（2006）對歐洲歷史上商人基爾特、馬格里布商人和熱那亞商人進行了一系列比較分析，其中商人的社會網絡、文化等問題的分析實際上正是社會資本研究的範疇，Ogilvie 等人的研究則更為明確地把社會資本引入了商人群體研究，這對歷史上地域性商幫的研究有重要的啟示作用。

　　活躍於明清時期的商人群體因明顯的地域特色和經商的結幫特點，來自某地則被稱為某地商幫，盛傳的明清時期商幫有十餘個，影響力最大的莫過於晉商和徽商。但從個體上考察，這些商人的經營載體都體現於由宗族、家族勢力所組成的家族式商號的經營模式。因而明清時期的商幫也是家族企業

研究領域所關注的重要話題。需要說明的是，直到清末，中文文獻中才有「幫」的稱謂〔註1〕。商幫的組織形式有會館、公所和商會等，兼有血緣和業緣的特點（唐力行，2006）。因其勢力強大，晉商和徽商是商人群體研究中最受關注的兩個群體。徽商研究領域的著名學者有傅衣凌、葉顯恩、陳學文、王廷元、唐力行、張海鵬、王世華等，同時還有日本學者藤井宏、臼井佐知子等；晉商研究也彙聚了大批學者，尤其是有關票號的研究。早期馬寅初先生就對山西票號有所研究，近期如張正明、劉建生、劉朋生、孔祥毅、黃鑒輝、劉秋根等學者，日本學者有寺田隆、賓下武志等。這些歷史學者的研究成果爲社會科學領域研究商幫提供了大量寶貴素材。

從社會資本層面來看，商人的家族和地緣性社會資本具體表現在哪些方面，社會資本對明清商人的興起起到了怎樣的作用呢？這些社會資本的形式又經歷了怎樣的變遷過程？本章以明清地域性家族商人群體尤其是晉徽兩商的社會資本爲主要考察對象，對明清時期地域性商人社會關係網絡的具體表現形式以及其對商人群體的形成和發展起到的作用進行了考察和分析。商人的政治關聯自古至今都是一個難以迴避的重要話題，明清時期政府的絕對統治地位，產權保護制度的缺失等原因使得商人不惜成本地對政治關係網進行投入，因而商人的政治關聯也是本章關注的話題。明清時期商人因其明顯的地域性特色被稱爲「商幫」而倍受矚目，因而對體現「幫」顯著特色的商人團體會館將在下一章專門進行相對詳細的探討。

第一節　明清家族商人所處的歷史制度背景

一、商業發展的宏觀背景：相對寬鬆的制度環境

（一）家族商人群體崛起的歷史制度背景

儘管明清時期的政治、經濟和社會體制與當代的情況幾乎不可同日而語，但就皇朝政權消亡之前的中國歷史來看，明清尤其是清代在商品經濟上經歷了一個高峰式的發展時期，政府在經濟政策上也是相對寬鬆的，兩朝儘管經歷了更替，但許多政策和經濟環境具有一定穩定性。就整體的經濟體制

〔註1〕參見（清）徐珂，《清稗類鈔》，工商類「客幫」條：「客商之攜貨遠行者，咸以同鄉或同業之關係，結成團體，俗稱客幫，有京幫、津幫、陝幫、山東幫、山西幫、寧幫，紹幫、廣幫、川幫等稱。」

來看，明清時期的經濟形態總體上仍然是農業經濟為主導，政府整體上仍然是一種管制型政府。然而，這一時期的商人群體和商業活動卻得到了空前的發展。單就商業的制度環境來看，主要體現在政府對商人的政策有所轉變，這具體又包括了政府對商人在法律、財政稅收等宏觀環境的影響，又包括伴隨著貿易需求商人自發形成的一新制度創新，比如票號、錢莊等金融組織的出現。

值得一提的是，一般認為，中國古代自春秋戰國以來政府一直奉行「重農抑末」的經濟態度，但至宋時，這種態度既已有所轉變。北宋時鄭至提出「士農工商，此四者皆之本業」〔註2〕的觀點（周生春，曹建鋼和胡倩，2004）。由於明初統治者的局限性，政府曾大力提倡賤商，但至明中後期，「四民異業而同道」則成為一種經世和治生的思潮，社會上甚至出現了「棄儒從商」的風氣（張海英，2005）。

在對商人的稅收政策上，即使在明初抑商有所加劇的情況下，政府還是採取了一系列維護商人利益的政策。如明初，《明史》中有「凡商稅，三十而取一，過者以違令論。」〔註3〕至永樂時，政府則進一步放鬆了對民間稅收的管制，至明中後時期，隨著工商業規模的日益擴大，商稅劇增，這也使得國家財政對工商業的依賴性日益增強，政府則進一步調整相關稅收政策以利於工商業的發展和保護商人利益。至清朝，政府對商人和工商業的態度則更加寬鬆。清初屢見減輕商人負擔的「諭旨」，嚴禁官吏濫徵。針對滿人特權的欺行霸市，政府出臺了一系列嚴厲的治理措施，「滿漢買賣人俱從公交易，不許爭鬥啓釁，致誤生理」〔註4〕。康熙時進一步提出「利商便民」的口號，禁止各關卡違例對商人徵收。在稅收政策上，清政府時常出臺鼓勵商人資本的政策，如糧食政策上，政府常以免徵、減徵關稅，甚至墊付資本的鼓勵辦法來招徠商人長途販運。及至晚清時期政治層面上掀起振興商務的各項運動熱潮，則更加鼓勵商人的發展。只要民間工商業的發展在政府的掌控之內，政策還是比較寬鬆的（張海英，2005）。

在法律環境上儘管中國歷史上相對缺乏商事保護的法律制度，但政府也不是無所作為。尤其在入清以後，針對一些侵犯商人利益的案件，自中央政府至地方政府都有相應指令以保護商人權利。中央政府多直接頒佈相關法令

〔註2〕《明史》卷81，志第五十七，《食貨五》。
〔註3〕《明史》卷81，志第五十七，《食貨五》。
〔註4〕《清世祖實錄》卷15。

以禁止侵權事件,而地方政府多立碑示禁。雍正八年議准:「一經商人呈告,
該監督即會同永平府審訊明確,照白晝搶奪律治罪。〔註5〕」針對牙行欺詐外
地商幫的情況,清政府也頒佈了一系列規範牙行以保障客商權益的法令。

　　除了政府層面的制度供給情況,隨著商業不斷發展,尤其是遠程貿易的
興盛,商人自身在微觀經濟組織方面也有很大的創新。一些新型的經濟組織
如錢莊、票號等不斷興起,這在金融制度上為貿易的順利進行提供了良好的
保障。明清貿易範圍和規模超過了宋元時期,支撐這一貿易結構的金融體系
起到了很大的作用。南北朝的典當行是中國出現的最早的金融機構,明清則
得到了空前的發展。明代出現了錢莊,至清代當鋪、錢莊已遍佈全國城鄉,
並且又出現了印局、帳局、票號等各種金融組織。

　　明清時期商人群體的崛起表明了這一時期整體的制度環境相較於以往有
其改善之處。但總的來看,這一時期商人整體上仍然處於管制性的強權體制
之下,商人群體的發展一方面取決於所處的制度環境,另一方面也與自身在
相應制度背景下發展出來的一系列產權保護機制和自治機制有關。

(二)晉徽兩商崛起的制度背景

　　明清時期在全國範圍內形成了幾個比較富有特色的經濟生產區,商品的
專門化、區域化生產特徵越來越明顯,不同地區間的商品交流逐步擴大,因
而商人的流動也愈加頻繁。正如司馬遷所講「富商大賈周流天下,交易之物
莫不通〔註6〕」,商人是古代商品經濟的重要角色,賤買貴賣是其贏得利潤的
基本手段,要完成基本的收購、運輸和銷售環境,需要資本、商品貴賤的信
息、行商坐賈的配合等等,從而構成最簡單的商業網絡。而明清時期大批地
域性商幫,實際上就是這種具有家族、地域甚至政治色彩的商業網絡的一種
具體形式。從微觀構成來看,這些地域性商幫終究是由一群建立於家族、宗
族基礎上,具有強烈地域同鄉特色的家族性商人所組成的群體。

　　明清時期形成的大批地域特色明顯的商幫有其歷史制度或非制度背景。
作為市場活躍主體的各個商幫,組成了明清時期初步形成的傳統的市場網絡
體系。就影響力最大的晉商和徽商來說,其興起的最直接的制度背景是政府
鹽政的刺激。明初,為籌集軍餉,明政府在北方邊鎮實行商屯和開中制(1370
～1371),讓商人「納糧中鹽」,也即商人們向各邊鎮的邊倉納糧,以此換取

〔註5〕《大清會典事例》卷942《工部‧關稅》。
〔註6〕《史記‧貨殖列傳》。

鹽引（賣鹽執照）。這為晉商的興起提供了契機。隨著統治階級的日益腐敗，從皇室到官僚們見持有鹽引有利可圖，紛紛奏討鹽引，轉賣於鹽商以從中牟利。至明中期，這種行為導致商引壅滯，開中制日漸敗壞。公元 1492 年，葉琪、徐溥二人倡導的以「納銀解部」取代「納粟輸邊」，鹽業政策轉向「折色開中」。鹽商不必再用糧食等物資到邊境地區，而是直接用銀子來換取鹽引。隨著開中法的進一步改革，鹽政大臣世袁世振等人於萬曆本十五年（1617）創立「綱運制」。具體是將原來分散運鹽的運商組成商綱，結綱行運，也即結幫行運，每個商綱都是合股經營的獨立商號。由此，鹽的承銷單位由個體商人轉為有組織的商幫。中國商人本來就重視鄉誼和宗族關係，他們結成商幫，承綱運鹽。這也成為對「商幫」稱謂來源的一種解釋。實行「綱運制」後，食鹽由個體商人經銷變為了群體銷售。

這些政策成為晉商和徽商崛起的重要制度因素。在這些制度刺激下，晉商和徽商先後從鹽業中積累了大量資本，大鹽商成為兩大商幫中的中堅力量。伴隨著這種帶動作用，同時原本就有著經商風氣的晉徽等地的商人迅速崛起，這些商人在鹽業、木茶貿易、典當票號等金融業等行業佔據了重要地位，除此之外大小商人幾乎無業不居。

二、商人面臨的不利制度環境：產權界定和保護機制的缺乏

儘管明清時期的商業環境較為寬鬆，但整體來說政府制度仍然屬於高度的專制統治。尤其在作為正式制度的法律制度層面，中國古代法律文化中涉及商品流通、金融貿易的制度設計實在太少，在晉商興盛的明清時期，同樣也沒有形成系統的商業法規或經濟立法（張鈞，2006）。在其他正式制度上，一方面，這一時期的基礎公共供給是極度缺乏的，並沒有系統的金融體系、人力供給體系等現代制度；另一方面，政府的政策有一定的任意性，尤其是仍然缺乏保護商人的正式法律制度。這一時期遠途貿易盛行，由於路途遙遠和異地經商，商人面臨更多的外部風險。

這種正式制度的問題主要體現在缺乏一套系統的產權界定和保護機制上。原因主要在於：首先，由於中國傳統社會統治者採用的是行政司法合一的統治方式，政府對打擊危害統治秩序的「公法」所投入的精力大大高於對人權和產權等「民事」糾紛的投入。其次，專制朝廷出於政治考慮，打擊各種直接危及王朝統治的活動的精力也大大高於解決百姓之間的經濟糾紛的公

共產品的提供。再次，中國傳統社會的司法腐敗大幅度地提高了民眾訴求於官衙的成本，當其產權受害時民眾會放棄尋求官府保護的努力。這些因素導致了司法實踐中官府貫徹的「無訟」思想，民眾則遵行「畏訟」、「厭訟」觀念，結果就是官方提供產權界定這一「公正產品」的能力大大弱化（劉建生，燕紅忠和張喜琴，2012）。

　　明初甚至又出臺了賤商的法律政策，如洪武二十年有這樣的規定：「凡農家許著綢紗絹布，商賈之家，止許著絹布。如農民之家有一人爲商賈者，亦不許著綢紗。」〔註7〕並且行商須領取政府的路引方可外出經營，洪武末年《大明律》規定：「凡無引文私渡關津者，杖八十」，〔註8〕無路引者行商，重則殺身，輕則刺配後發配邊疆。至清朝，政府則施行了一系列的榷關、牙行、行會制度等對商業貿易加以干預。相比同時期的西方，中國古代在商事法律制度上並沒有發展出一套全面的商業法規和保護私人財產的司法制度，明清時期民間的商事糾紛多由地方官員依據具體情況「酌以情理」斷案（范金民，2007）。

　　客商直接的外部風險主要表現在，財產甚至人身安全受到來政府本身、牙行、地方勢力等多方面的威脅。一些地方政府部門利用權力隨意提高稅收以欺壓外籍商人，如嘉慶十九年（1814）洛陽稅收部門提高對潞澤布商稅收，引起晉商不滿（劉建生，燕紅忠和張喜琴，2012）。來自牙行的盤剝尤爲嚴重。牙行牙人制度在中國商業歷史上有著兩面性的角色：一方面起到了重要的樞紐作用，但另一方面對市場的發育也有著一定負面影響。唐時開始將牙人引進財政領域作爲稅收徵管和貨幣政策的信息提供者；明代牙行擁有商品交易中介的特許權，商販進入一城市時首先要與牙行打交道。但實際上充當牙人的不少是地主惡霸或流氓無賴之徒，因而客商與牙行糾紛不斷。此外，腳行、打行等市鎮社會組織在當地市鎮政權及豪族勢宦庇護、操縱下也給外籍商人帶來很大的外部風險。如蘇州府、松江府及太倉直隸州沿海有腳夫的相關記載：「聚夥結黨，投託勢要，私畫地界，搬運索重值……商賈裹足。民間婚喪大事，勒講規例」〔註9〕。

　　總體來說，明清時期的工商業仍然受到政府強大的管制。在產權界定和保護上，來自政府方面的正式制度還是相對薄弱的。因此在這種情況下，商

〔註7〕 （清）徐珂，《清稗類鈔》。
〔註8〕 《大明律》卷15，《兵律三·關津·私越冒渡關津》。
〔註9〕 （清）王忠和胡人鳳，《法華鄉志》卷二《風俗》。

人群體會借助一些非正式的、自治的力量或組織以保障自己的權益，社會資本也即這種重要的替代補充性因素。

第二節　明清商人的社會資本

　　儘管明清時期的商業環境與以往相比已經取得了巨大的改善，但如上節所述，總的來說，這一時期仍然缺乏一套系統的正式制度，尤其是法律機制。但在這種環境下，商人貿易仍然得到了空前的發展。除了一些政策的直接推動，商人是如何在這種正式制度嚴重缺乏的背景下保護自己的商號以使得貿易順利進行呢？這其中社會資本起到了什麼作用？當保護商人利益的正式制度欠缺或不完善時，商人可能就會尋求非正式的替代或補充性機制來保護自己的利益（Wong，2008），而社會資本正是這種非正式機制的一種重要形式。不少學者都對社會資本對正式制度一定的替代或補充作用進行了論證（Bigsten et al.，2000；Beckmann & Roger，2004；Miguel，Gertler & Levine，2005）。如 Ahlerup，Olsson & Yanagizawa（2009），Ismail et al.（2012）從比較的角度對此觀點進行了論證，在對制度相對完善地區和相對落後地區進行了對比分析後，發現社會資本在制度相對落後的地區對經濟增長的貢獻要更大。

　　商人個體層面的社會資本的主要表現形式為建立在血緣、地緣和友緣等基礎之上的各種家族、社會、政治人際關係網絡等。這些關係網絡也成為商人經商的重要支撐。商號經營之初，大多在宗族、家族和鄉鄰基礎上獲得物質資本、人力資本和市場渠道。而這一時期商人更為突出的一個特點是集體層面的社會資本發揮了重要作用。如上節所述，由於明清時期政府在產權界定和保護機制上相對缺乏，商人不得不自行承擔對其產權的保護職能。無論是晉商徽商，猶太商人還是中世紀晚期地中海沿岸的商人群體，其商業制度安排與產權的界定和都是自行承擔的（劉建生，燕紅忠和張喜琴，2012）。中國明清商人的這種自律機制主要體現在商人會館或公所的運行機制上。會館促進商人集體行動的機制會在下章專門進行分析。

一、商人社會資本的主要形式及其歷史演變

　　經過對明清時期地域性商人的社會資本的梳理，可以看出商人個體層面

的社會網絡大致經歷了一個「血緣－地緣／友緣－業緣」的演變過程，集體層面的社會資本則主要建立在這一鏈條的後兩個維度上。以血緣、地緣／友緣、業緣這幾個角度來考察，並結合商人的其他社會交往，可以看出明清時期地域性商人的社會資本主要有以下幾個形式：以血緣爲基礎的家族宗族關係網絡，在血緣基礎上擴大到地域性的同鄉關係網絡，以及逐步加強的同業間的關係網絡。按功能區分，則這些複雜的關係又構成經營合作關係、雇傭關係、市場網絡、與官府之間的利益或政治庇護關係等等。當然，這僅爲其發展趨向的總結，每個階段不同的關係網絡表現的程度不盡相同，幾種維度的社會資本常常相互交織。但就明清時期來看，在這一演變過程中，以血緣關係爲基礎的宗族、家族關係一直貫穿始末。

商人在經商、建立家族商號之初，其經營的起點大多源於宗族和家族網絡中的各種關係。基於血緣親緣關係基礎上的信任、同一性和利他主義是商人家族式經營的保障。這些家族宗族關係直接爲商人提供了經營的物質和人力資本。如婚姻關係往往能帶來一定啓動資金，家族、同宗的兄弟叔伯間也經常成爲共同經商的合夥夥伴，提供人手或資金來源；家族宗族間另一層重要而複雜的關係體現在政治上的關聯，明清時的商人不僅想方設法與官員建立聯繫，而且本身往往「賈而好儒」，注重子弟的教育和科舉，想方設法在家族宗族內部培養和扶持有前途的子弟躋身官場。

後來由於在異地經營的規模和範圍不斷擴大，綱運制政策的推動，以及聯合抵禦外部風險的需要等因素，商人的地域聯結加強起來，這一時期地域性商人被稱爲「某商」。清朝乾隆末年，在典當業中已出現了所謂「江以南皆徽人，曰徽商；江以北皆晉人，曰晉商」〔註 10〕的說法。這一時期，大量經商地會館的建立更成爲某地商人成幫的重要標誌。商人會館明代已有，只是數目尚少，且會館之始並非商業用途，而是多爲在京官吏及其同鄉的士子赴京應試所用。早期只有少數商人集資所建的會館，如建於明嘉靖時的歙縣會館。後來隨著商業發展的需要，各地商人紛紛建立自己的會館。至清代，商人會館已遍及全國各地。

隨著不少商人在經商地穩定下來，同業間合作的加強，以及商人與官方和工人間關係的緊張等原因，商人間的業緣關係得到加強。就徽商來說，從

〔註 10〕 （清）李燧／李宏齡，《晉遊日記‧同舟忠告‧山西票商成敗記》，山西經濟出版社，1989，p.70。

康熙末年起，徽州在各地開始設立同業會館。同業會館的功能是優於同鄉會館的，一是有利於把向來由牙行、包工頭把持的業務，奪回到商人手裏，二是由於商人與國家、官方關係的緊張，同業間的團結很必要，三是商人與工人關係開始複雜化，也使得商人間尤其是同業間的團結很必要（臼井佐知子，1991）。不過，這只是一個大致趨勢，不少同鄉會館一開始就具有較強的同業性質。明清商人團體組織的演進可以大致歸納為三個時期，一是團行初起時期，二是會館發展時期（同時仍有當地商人行的組織的存在），三是公所確立時期。而清代的法令允許外來商人在經營地申報戶籍，落戶定居，於是外籍商人定居落籍者日眾，日益「土著化」（吳慧，1999）。這也成為同鄉會館的異地色彩減弱、進而消失的原因之一。

至 1903 年商部成立，隨之清政府頒佈了《奏定商會簡明章程》和《商會章程附則六條》，具有現代意義的商會開始得以建立。後來商會進一步發展為商團，並且隨著政治局勢的變化，這些商團的活動具備了更多政治意義。

二、明清商人個體層面社會資本的資源功能

在外部正式制度和公共資源供給缺乏的背景下，家庭、家族乃至宗族的支持多成為明清商人經商的起點，以血緣關係為基礎的家族關係為經商資金和人力提供等方面提供了基本保障。這一時期的經營組織也主要以家族式的商號、商鋪和作坊為主。進一步地，家族宗族成員間的相互幫扶和合作，還進一步成為這一時期商人經營模式創新的支撐力量；鄉土關係實際上是宗族關係的延伸。其中，政治上的關聯和同鄉會館的建立有著更為明確的目的性，這兩者對提高明清商人的安全感，抵禦外部風險有著重要的意義。從更深層次講，這一時期商人對社會資本的利用是在當時制度環境下的適時選擇，這極大節約了交易成本，為貿易發展提供了保障。當然，商人對政治權力的依附也給當時商人階層的命運帶來了嚴重的負面影響，並且這種歷史傳統也成為日後錯綜的政商關係路徑依賴的歷史根源。因此這兩種地域商人特殊的社會資本將在後面專門進行討論。

具體來看，這一時期商人社會資本的資源功能主要體現在以下幾個方面：

（一）資金融通

明清商人在經商之初，資本多來源於家庭、家族和宗族的支持。日本學者藤井宏（1985）曾把徽州商人的資本形態分為七種：共同資本、委託資本、

婚姻資本、遺產資本、官僚資本以及勞動資本。鈔曉鴻（1996）對陝西商人的經商資本來源也作了總結：節衣縮食積聚、合股集資、親族資助、學徒收入、小商販積聚、借貸等六種。其他地域性商人的資本來源也與之類似。但實際上這些資本多與宗族勢力有關（唐力行，1986）。從這些資本來源中可以看出，其中的婚姻資本、遺產資本、親族資助，以及合股、委託和借貸，是直接地來源於以血緣或親緣關係為基礎的家庭或宗族支持。

作為一種重要的親緣關係，婚姻關係往往能夠帶來資本或者權力方面的資源。如明末巨商歙人汪氏家族的開祖，也即汪道昆的祖父汪玄儀開始經商的資金，係由妻之家族溪南吳氏所提供（藤井宏，1985）。同樣，晉商家族往往也非常注重家族整體的提攜和幫助，出於商業利益目的的宗族集團之間相互通婚的情況很多。這種結合不僅加速了望族與商賈的世家合一趨勢，還使宗族血緣紐帶延伸、交叉。在這種過程中，商人的團體意識也逐漸由親緣擴大到地緣，加強了商業合作（張鈞，2006）。晉商中的富商大族往往考慮門當戶對，如祁縣喬氏子弟多與其他富商通婚，喬景僖妻曹氏女為富商女，喬景儼女嫁太谷富商曹氏等等（張鈞，2006），這樣的例子比比皆是。

僅就晉徽兩商來看，同族間資金借貸、合股經營的例子很多。如徽商的借貸資金大多在同鄉同族的範圍內進行。念及鄉誼族誼，債權人給予債務人的貸款往往帶有一定的資助與接濟性質。利息比一般借貸低，甚至「不較其息」（劉建生，燕紅忠和張喜琴，2012）。委託資金也多來源於至親好友，受託者往往對委託人帶有幫助扶持色彩。如祁門人程神保在外經商時，其「宗人楊與從兄貴通各以百金附神保行賈」。還有一些大賈為提攜宗族子弟，將一部分資金委託他們經營，以增加其收入和培養其經營能力。如明嘉靖時的蕪湖巨商弼云：「諸宗族親戚閭右交遊至者，輒推赤心而納之交。業儒則佐之儒，材可賈則導之賈。能獨立則授貲而薄其息，能從遊則授糈而翼其成。」〔註11〕合股資金也多出於同宗族間的關係，萬曆年間，祁門鄭氏兄弟叔侄鄭元祐、逢暢、逢春、師尹、大前等人共集資 12 股往江西販木，並在文約中規定，賺則照股均分、虧則照股均賠（劉建生，燕紅忠和張喜琴，2012）。值得注意的是，這些例子還說明徽商中合資經營現象於明中葉時已經存在，兄弟叔侄之間最多，後來則成為很普遍的現象。

〔註11〕《太函集》卷三十五，《明賜級阮長公傳》。

（二）人力資源提供

家族、宗族和同鄉關係是家族商號雇傭勞動力和發掘管理人才的最重要渠道。一般來說，由於同宗族和同地域關係裏有著相同的文化和習俗，在熟人社會裏也知根知底，具有較高的信任度，因而商號的主要雇傭對象都限於以血緣或地緣爲基礎的同宗和同鄉。不過，由於中國地域文化的差異，不同地域的商人在宗族和鄉土觀念上存在一定差距。就晉徽兩商來說，相較而言，徽商的宗族觀念較晉商更爲牢固，晉商較徽商則更重地域鄉土關係，這在用人上也有相應的體現。

就徽商的情況來看，如新安商人的商業活動是分成許多以商號、商鋪爲主的經營單位進行的，在各商號商鋪之間也有同鄉同族的聯合關係。家族商號或商鋪在主人的指揮下，常有同族人以家監或掌計的身份參加，其非血緣的同鄉或其他人的參加，則稱爲客或門下客（藤井宏，1985）。再如歙縣商人吳德明「起家從至十萬，未嘗自執籌策，善用親戚子弟之賢者，輒任自然不窺苟利」〔註 12〕。徽商外出常是全鄉經商，集團移徙。關於這點，明末金聲的話很能道出實情：夫兩邑（休寧、歙縣）之人以業賈故，挈其親戚知交而與共事，以故一家得業，不獨一家食焉而已。其大者能活千家百家，下亦至數十家數家，且其人亦皆終歲客居於外，而家居者亦無幾焉」〔註 13〕。這也說明了徽人經商往往一家發達後會帶動整個同族同鄉網絡，從而形成一定了的產業、商業集群效應。

晉商的情況也類似，不過相較於徽商其雇傭同鄉的情況會更多些。就山西票號而言，一般來說只雇傭山西籍人，一方面是爲了優惠同鄉，另一方面也是出於知根知底以便於控制的考慮。如票號財東選擇經理時往往在一個很小的範圍內進行，不是家庭內部具有血緣關係的人就是本地人。山西商號在招聘經理、夥計和錄用學徒時，都要求有殷實的親友或商鋪作保。這種規定是爲了在被雇傭者有越軌行爲時，保人負完全的責任（蔡洪濱，周黎安和吳意雲，2008）。

總的來說，明清時期的商人經商的出發點都基於血緣關係，經營的商號、商鋪也主要是家族式經營，只不過由於地域文化的差異，並隨著經營制

〔註12〕 （民國）吳吉祜，《豐南志》第五冊，《良友公狀》；《德明公狀》。轉引自唐力行（1999），p.4-5。
〔註13〕 《明清徽商資料精選》138 條，《金太史集》卷四《與歙令君書》。

度的不斷創新，晉徽兩商在用人的觀念上出現了一定差別。就一些經商大族的例子來看，如果宗族條件合適，比如族丁繁多並且關聯緊密，晉商同樣傾向於首選族人作經商的代理人（蔡洪濱，周黎安和吳意雲，2008）。徽商也並非盡用族人作重要代理人，隨著經營規模的擴大，不少經營大族也會聘請外姓的同鄉甚至外鄉人。比如胡開文家族墨業在上海、北京的分支機構所聘用的經理曹氏是同鄉而非同族關係。

（三）信息資源流通

這一時期的商人鋪設其社會網絡對商業信息的流通起到了重要的作用。明清時期商業信息流通的機制尚較為原始，不過在不同商人群體中有獨特的信息交流方式。如「信客」是徽商特有的方式，「聯號制」則是晉商的特色。這兩種方式 已經屬於這一時期商人信息傳遞較為正式的途徑。因而，商人關係網絡的規模對信息收集和流通是至關重要的。由於商業的競爭性關係，同族之間的信任是商人關係網絡的基礎。這一點在徽商中的表現更人突出。

由於徽商經常舉家外出經商，因而宗族聚會成為內部商業聯絡和信息傳遞的重要途徑。這種聚會的直接目的是重修家廟、編纂族譜，但這也往往成為一種商人商業活動收集情報的重要途徑（臼井佐知子，1991）。族譜編纂、宗祠建設與徽商網絡的建立和擴張是同步的，在徽州，每個家族在經過若干年之後便要重修族譜，修譜時，要發出「知單」，以「徧告四方各族」，瞭解族人的遷徙情況，這為各地族人的集中提供了機會，對擴大從商族人的聯繫具有重要意義。例如汪道昆所撰《靈山院汪氏十六族譜》中，就有汪氏 60 世以後從歙縣府城遷往同縣其他地區的 16 個家系的記錄（臼井佐知子，1991）。再如績溪《西關章氏族譜》載，商人章必秦「隱於賈，往來吳越之間」，得知福建浦城的經商族人要重修家廟宗祠，便「刊發知單，遍告四方諸族」[註14]。宗族集會往往會推舉德高望重的族人為祭酒，以主持分佈在不同地域的鄉族商人交流市場信息和經營情況。由此看來，除了交流宗族、家族血緣親情，這種定期或不定期的宗族聚會也實現了同宗族商人之間市場信息的傳遞（陳文慧和趙雲海，2013）。

在異地的同鄉會館或公所建立後，在外地經商時，同鄉會館則成為重要的信息交流場所。晉商會館遍佈全國，數量頗多。山西會館的設立以「敘鄉

〔註14〕績溪《西關章氏族譜》卷二十四。

誼，通商情，安旅故，洵爲盛舉」爲目的（張正明和薛慧林，1989）。清徽商
所至之地，都有徽商會館的建立，主要分佈在長江以南地區和北方商業繁榮
的城鎮。清朝初期商品經濟發展，使徽州會館「溝通商情，評議市價」的作
用凸顯。徽州工商會館成爲「交流市場信息、調劑城市商品買賣的市場運作
場所」（范金民，1999）。由上可見，晉徽商會館中凝聚著的「鄉誼情節」和
「地緣觀念」，是商幫內部彼此提供商業信息的情感驅動力，在這一點上晉徽
兩商有著相似之處。會館的相關討論將在第五章中詳細展開。

第三節　明清商人的特殊社會資本：政治關聯

一、商人尋求政治關聯的原因

（一）尋求政治庇護

中國古代政府權力極爲強大，它不允許有脫離對政權的依附關係而獨立
存在的人。如上節對明清時期商人發展的制度環境所述，這一時期儘管相對
於以往的商業環境較爲寬鬆，但從根本上來講，商人仍然缺乏一套強有力的
正式制度尤其是法律制度的保障，國家權力可以不受制約地實行行政壟斷等
專權。商人的產權並不能很好地獲得國家層面的保護，甚至政府本身就是商
人利益的侵害主體。因而，商人必須尋找其他的替代和補充性手段來獲取保
障。而結交官員、甚至官商一體即爲這一時期商人尋求政治庇護的主要表現。
從官的角度說，政府則也需要商人爲之提供財政來源，這也是政府鼓勵商業
的重要原因。由此，明清時期商人的政治關聯就成爲非常普遍的問題。同其
他社會資本類似，政治關係也是商人獲得資源的一種手段。但其特殊性在於，
它既可以使商人獲得一定特權，也會加強商人對政權的依附，進而會導致尋
租、政商勾結等問題。

（一）崇儒觀念

這一時期商人的社會地位儘管有所提高，但士爲四民之首的觀念卻從未
被動搖，「錢不敵貴」講的就是這個道理。這一觀念，在現今社會甚至仍有極
強的生命力，可見其根深蒂固。自科舉制創立以來，歷朝沿襲了科舉取士的
制度，儒生也成爲官吏的後備隊伍，是輔政和教化民眾的特殊階層。若進而
得中舉人、進士，就可以授予官職。因而，在科舉時代，習儒正是爲了入仕。

至明清兩代，士擁有了更爲優惠的特權，一入黌門，便可優免糧差、存養奴
婢等等（張海英，2005）。在此世風之下，崇儒、賈而好儒也就是自然而然的
事了。崇儒的風氣在徽商中表現的尤爲突出。如歙商許蓮塘儘管經商致富，
但仍寧可自處粗糲，也不惜重金教育子弟。有人對此大惑不解：「子之諸弟容
容與與，息遊儒林。子胡自苦犯晨夜、冒霜雪，焦神極能耶？」他回答：「噫！
昔漢得一良相陳平者，是誰這力歟？乃由幹之兄陳伯也。吾獨不能如陳伯也。」
〔註15〕意爲許蓮塘含辛茹苦地供養子弟讀書，就是希望他們能有日走上仕
途。除傳統崇儒觀念外，隨著商人階層規模的擴大和地位的提高，商人希望
在政治、經濟、文化思想等各個領域都顯示自己的存在，也是商人希望取得
政治地位的原因之一（王日根，1996）。

（三）直接獲取資源

　　與一般的社會資本有著類似功能，商人的政治關係也能夠提供資金來
源、商業信息。例如，徽商資金來源中，就包括官僚資本一項，而這種資本
包括官僚本身財產和通過官僚之手所提供的國家資金兩種。如嘉靖年間休寧
鹽商王全，「諸豪賈借資貴人，往往傾下賈。承事（王全）主退讓，恥於貴人
（宦官）權。於是薦紳大夫，皆願請交承事」〔註16〕，這說明了貴人以金貸
與鹽商已成爲一時的風尚。又如歙商王某與錦衣衛千戶高舍人相識，並納舍
人之女爲妾，這高舍人者：「獨任俠，遊諸中貴人，乃從中貴人貸萬金，出賈
淮上。」〔註17〕可見徽商與宦官資本的結合是不可否認的（藤井宏，1985）。
這不僅存在於徽商中，晉商中也有類似記載。勞動資本、共同資本、婚姻資
本等是比較原始的，援助資本、委託資本是較爲高級的形式，而官僚資本則
是更高的階段，主要在商人具有一定名聲和地位之後才有。除此之外，結交
官員，甚至族人直接爲官，對商人情報網絡的構造是重要的一環。並且，族
中有人當官和捐納爲官都會提高商人權威，增強信用（張鈞，2006）。

二、商人政治關聯的表現

　　商人爲了取得特權和保護自身利益，取得政治特權的途徑無非有二：取
得官職和結交官員。藤井宏（1985）進行了更爲全面和具體的總結：一是幫

〔註15〕歙縣《許氏世譜》第5冊，轉引自張海鵬和王廷元（2010），p.405。
〔註16〕《太函集》卷四十五，《明承事郎王君墓誌銘》。
〔註17〕《太函集》卷四十六，《王母高氏墓誌銘》。

助宗族鄉黨相識中的有能力者，將其大量送入仕途，加以利用；二是使子弟應試爲官，自己成爲官商；三是通過捐納，自己得官；四是與相識的官僚結成親友，以便利用其勢力。前三種途徑得以興盛的原因是，商人子弟參加科舉考試的諸多限制進一步放寬，自秦漢以來遵循的「有市籍者不得宦」的古訓被打破。明政府爲籠絡商人，還制定了商、竈兩籍的特殊政策，以鼓勵商人參加科舉，也即商人子弟可以在經商地參加科考（張海英，2005）。

徽商以「好儒」著稱，徽商中子弟爲官者、結交官員者尤甚。《太函集》的著者汪道昆爲嘉靖十六年進士，與王世貞、張居正爲同年進士，係王世貞密友。其本人即出身於商賈之家，祖父棄農經商，經營鹽業起家。汪道昆正是在家族的資助下躋身仕途，至兵部左侍郎。明中葉以後，徽商結交權貴，甚至賄通官府已爲常事，入清後這種現象更爲普遍。清代自康熙、乾隆以來，捐納之風大盛，商人藉此獲得實職，也有漸居高位者。而且，由捐納所賦予營業上的特權也在增加。隨著徽商財力增強，通過「急功議敘」的途徑獲得官爵的人也越來越多。兩淮鹽商無一不被「恩澤」。歙商江春竟被加授布政使銜，薦至一品，並「以布衣上交天子」（張海鵬和王廷元，2010）。商人不僅資助同族子弟習儒，甚至對有前途的非同族寒素舉子也慷慨資助，以做長遠投資。如歙商黃琦在淮陰經商，「淮陰當南北日衝之地，士大夫轂擊之區，君延納館餐，投轄饋遺。而尤注意計偕（指舉子），寒素者賴君踊躍窮途，飛翼天衢。」〔註18〕

晉商在結交政府官吏方面也頗有獨到之處，商人往往通過捐納獲得官職，或者培植「代理人」，以建立政治網絡。捐納獲得虛銜者，則常通過票號打聽如何取得實職的消息。票號平時自親兵至郎中，逢年過節必贈款送禮。類似的，晉商也會幫助窮儒寒士入都應試，以培養有仕途潛力的儒子。對有希望科中之應試者，票號會借貸其沿途旅費。有銜無職但有希望獲得實職的官員，票號也常予以墊款。通過這些活動，一些大商家族有恃無恐。如大通票號與曾任山西、四川巡撫的趙爾豐，九門提督馬玉琨、山西巡撫岑春煊、丁寶銓都有密切往來。合盛元票號漢口經理史錦剛是兩湖總督瑞澂的乾兒子，總督府差役稱其爲「三少」，不敢直呼其名。再如作爲皇商的山西省介休范氏，毓字輩和清字輩有 20 人出任官職（張鈞，2006）。可見彼時官商滲透之甚。

〔註18〕歙縣《竦塘黃氏宗譜》卷五，轉引自王世華（1995），p.57。

三、政商滲透的後果

明清商人自誕生之日起就和政府有著千絲萬縷的聯繫。商人以政治勢力為後盾，以各種形式結交政權以謀取商業特權。但在獲得特權及利益的同時，政府的肆意壓榨也在地域性商幫的衰落過程中畫上了沉重的一筆。

從萬曆後期到康熙初，徽商經歷了明末農民起義軍的打擊，礦監稅使的搜刮勒索，以及宦官閹黨製造冤假錯案的株連。徽商在這一時期受到了重大的挫折。如歙縣汪內史商至大賈，後來遇到宦官橫征暴斂和冤案株連。明朝李維楨在《大泌山房集·汪內史家傳》對宦官魚肉汪氏家族進行了描寫：「中貴人以権稅出，毒痛四海，而誅求新安倍虐。公歎曰：吾輩守錢虜，不能為官家共緩急，故撩（佐助官吏）也魚肉之，與其以是填撩之壑，孰若為太倉增粒米乎。」〔註19〕

晉商也有類似命運。晉商富裕之際，正是清政府財政開始拮据之時，所以晉商成了清政府勒派勸捐助餉的主要對象。清政府視晉商為政府財源，凡有財政不足時，首先想到晉商，尤其是徽商財力下降之時更是如此。乾隆三十年（1765），保德、永濟等 18 州縣修城，共用銀 270848 兩，其中由晉商捐輸即達 252673 兩，占 93% 之多（劉建生，燕紅忠和張喜琴，2012）。第一次鴉片戰爭因賠款所需，道光二十三年（1843），向山西紳商派捐二百餘萬兩。鎮壓太平天國期間，推行捐借政策，咸豐三年（1853）正月底，全國紳商捐銀 424 萬兩，山西捐銀近 160 萬兩，居各行省之首。經過多次捐輸，有些富戶家道中落，甚至「赤貧如洗」，再已榨不出錢（張鈞，2006）。

第四節　案例：胡開文家族墨業與胡氏家族關係網

前文對明清時期商人群體崛起的歷史制度背景和商人社會資本的狀況進行了較為系統的梳理，本節在此基礎上試圖用一個具體的案例來說明家族商號對社會資本的運用和依賴情況。歷史上的家族商號研究之所以較少受到經濟學研究者的關注，主要的原因之一莫過於史料的難獲取性。筆者為調查胡開文家族墨業的歷史發展，曾經赴安徽績溪上莊的胡氏故居和胡開文紀念館進行實地調查，獲得了寶貴的一手資料，結合從圖書館和網絡搜索的史料，對胡開文家族墨業的傳承和治理情況進行了專門的研究（周生春和陳倩倩，

〔註19〕《明清徽商資料選集》第 1264 條，《大泌山房集》卷 69《汪內史家傳》。

2014），並對胡氏家族對社會關係網絡的運用進行了整理分析。

一、胡開文墨業發展概況

　　徽墨至清代出現曹、二汪和胡四大名家，其中後起的績溪胡開文墨最負盛名，持續的時間也最久。自創始人胡天注於 1765 年開始創業自立，胡氏家族墨業經歷了近二百年的興衰，直至 1950 年代的公私合營運動才被迫結束了家族對墨業的控制。

　　胡開文墨業的創始人胡天注〔註 20〕（1742～1808）年少時曾於汪啓茂的墨店作夥計，因忠厚實幹被汪啓茂招爲女婿。胡天注先於 1765 年租開他人墨店，後盤繼岳父的墨室，進而於 1775 年在休城、屯溪開設兩店，創立了自己的品牌「胡開文」。胡天注與妻汪氏生有六子，諸子或病或早逝，次子胡餘德擔任起已逝長兄的職責操持家業。胡天注後續妻鍾氏又生七子頌德，八子碩德。餘德精明能幹，家業做大，然而後來也面臨著多房分產和家業的繼承問題。於是胡天注、胡餘德先後訂立鬮書以分家和維繫產業。鬮書總的分家原則可總結爲「分家不分店，分店不起桌，起桌要更名」，在此祖訓指導下，加之可靠的質量和有效的經營管理，休城與屯溪老店在胡氏家族得到了較爲完整的傳承。其餘子孫則分枝開花，同老店一起，幾支相互扶持又相互競爭的族裔將「胡開文」的招牌做到了全國盛名，甚至走向了世界。

　　綜觀胡開文家族墨業歷史，經歷了一個家族樹式的分支生長和快速的市場規模擴張過程，直至 1930 年代的戰爭和 1950 年代的公私合營運動才被迫結束了家族控制的私營模式。值得欣慰的是「胡開文」作爲馳名商號保留了下來。在民營經濟壯大的背景下，近些年大多數地方性公營的「胡開文」墨廠又恢復了家族控制的私營形式，目前在安徽、上海、四川等地以「胡開文」爲名的墨廠或文化用品企業達數十家之多。富有戲劇性的是，幾經周折的屯溪老胡開文廠的承接人汪培坤竟是胡天注岳父汪啓茂的族裔。

　　根據對胡開文紀念館館藏的《上川明經胡氏宗譜》、《思齊堂・天注公分拆鬮書》及其他史料的實地考察，結合相關文獻和報刊資料，對胡開文家族墨業傳承的概況進行了整理（詳見文後圖 4.1）。

〔註20〕　「開文」並非胡天注的字或號，而是相傳胡天注經商途中看到「宏開文運」的匾額，固取「開文」二字爲商號。

二、胡氏家族的社會關係網絡

胡氏家族之所以能夠延續近二百年，除了對家族商號經營管理有道，「分家不分業」的有效傳承和治理機制（周生春和陳倩倩，2014），其中社會資本因素起到了怎樣的作用？

與其他創業家族一樣，血緣和地緣社會關係網是胡氏家族在創業之時首先借助的力量。胡天注本生於一個貧困家庭，其年少時即因同鄉關係在當地製墨世家汪啓茂墨室做夥計學習製墨。因其爲人忠厚，工作又勤勉，得到汪啓茂賞識，將女兒許配於他。在胡天注二十三歲時，即自立門戶，隨後又盤繼了岳父的墨店，建立了胡氏自己的品牌「胡開文」，胡氏墨業得以走向正軌。可以說，胡氏家族墨業自創始人起，即首先借助姻親關係，得以發跡。從胡氏家譜中的記載可以看出，胡氏後人在姻親關係上，與其他大族一樣，多與當地的名門大族結爲姻親，多娶大族曹氏、程氏家族之女爲妻。這必然在家族生意上有所幫助。

在經營過程中，墨店的夥計也多從同一宗族或鄉鄰中招募，這不僅能夠照顧同族同鄉年輕人的生計，在其品行信譽上也有所保證。同鄉關係在資金來源上也起到了重要作用。從可獲得的資料看，如 1869 年，時值第四代胡貞益掌握家族生意，他與身爲製墨技工的同鄉曹文齋、程連水、程平均兄弟集資合股，在蕪湖南門大街開設了胡開文沅記製墨作坊，業務很快有了發展。同樣，至抗戰時期，同鄉黃吉文、胡德基在上海的胡開文益記筆墨莊中投資入股，胡氏家族的胡洪椿、胡洪鎮兄弟爲大股東。同鄉關係對胡氏墨業的發展起到了扶持作用。

胡氏墨業後來在全國許多大城市得以紮根，自然也離不開當地同鄉會館的作用。從可獲得的資料可知，北京的績溪會館建立於明萬曆年間，至民國時期，北京的胡開文墨的分店經理曹根泰曾任北京績溪會館的副董事，實際行使董事權利，負責往來賬目，處理會館及附屬產業的日常事務。而曹根泰作爲董事實爲當時身爲會館董事（館長）的胡適所推薦〔註 21〕。這自然對胡開文墨業的經營有所幫助。胡適與胡天注同爲上莊人士，同屬明經胡氏一宗，兩家的舊址間隔僅數百米〔註 22〕。建於乾隆甲戌年（1754 年）的上海徽寧思恭堂的碑刻資料，也有多位明經胡氏的貞字輩、祥字輩和洪字輩後人任司事

〔註 21〕曹立先，胡適與北京績溪會館，北京青年報，2013 年 1 月 30 日 C2 版。
〔註 22〕筆者在實地調查胡開文紀念館時也曾參觀胡適故居。

（會館職務）的記載〔註 23〕。由於資料有限並不能確定其爲胡天注一支，但與其也至少是同宗關係。

　　胡氏家族的政治、儒士關係網絡更是錯綜複雜。胡開文墨的主要利潤來源是高級墨，銷售對象也主要是官僚和儒士，這些墨常作爲官場相送的禮品，如蕪湖沅記的大主顧之一即爲蕪湖道臺衙門，沅記的洪字輩經營者胡洪昭（1887～1956）則與同輩的胡適交往甚密。胡適離開家鄉以後，給在家鄉的母親匯款都是通過蕪湖胡開文沅記墨店轉匯，每回家鄉途經蕪湖也常投宿於此。胡洪昭本身是中國同盟會員，曾於辛亥革命時做民主革命家伯文蔚的幕僚，還曾任徽州、寧國府聯絡員，被撤職後從事家族墨業〔註 24〕。

　　據對史料和墨品的考證可知，道光以後，許多達官顯貴、文人墨客都曾在胡開文休城老店製過自用墨。如清道光二十七年（1847）爲童濂製「瓶花書屋藏」墨，咸豐二年（1852）爲杜堮製「玉屑珠英」墨，同治六年（1867）爲曾國藩製「求闕齋」硃墨，同治八年（1869）爲李鴻章製「封爵銘」墨，光緒九年（1883）爲張謇製「季直之」墨，光緒丙申年（1896）爲梁啓超製「任公臨池」墨，光緒癸卯（1903）爲端方製秦權〔註 25〕形墨。民國以後，有爲安徽省督軍通威將軍倪嗣沖製「百壽」墨；民國二十年（1931）孟春月爲胡拜石、陳一帆二人製敬獻給杜月笙的「風高孟嘗」墨等等〔註 26〕。這些製墨者中不僅有官員，也有儒士，甚至還有更爲廣泛的社會人士。這一方面可知胡開文墨之聞名，另一方面也可知胡氏家族結交人士之廣泛，這對胡開文墨名聲和業務的擴大無疑起到了重要的作用。

　　素來以「崇儒」著稱的徽商，更直接的政治聯繫則是商人本身的雙重身份。胡氏家族也莫不如是。就胡天注本人來說，其致富後曾捐資得從九品，賜奉直大夫。他的八個兒子中有三個爲國學生。後來掌握墨店的次子胡餘德也爲「仕賈聯姻」的典型徽商，他上聯政界，不惜鉅資捐得「議敘監運司知事、覃恩累贈中憲大夫、晉贈資政大夫」三個官銜。胡餘德的九個兒子中，有一個歲貢生、六個國學生。胡餘德以廣結宗族、樂善好舉著稱，他不僅繼

〔註 23〕彭澤益，《中國工商行會史料集》，北京：中華書局，1995，p.873-877。

〔註 24〕胡毓驊，蕪湖胡開文沅記墨店與胡適的淵源，蕪湖政協網站，文史資料欄，2013 年 2 月 4 日，http：//www.wuhuzx.gov.cn。

〔註 25〕秦權爲秦始皇統一天下後的法定衡器，此墨製成秦權的形狀。

〔註 26〕曹氫，胡開文墨店：休寧墨業的背影，休寧縣人民政府，2006 年 11 月 22 日，http：//www.xiuning.gov.cn。

承墨業，也繼承了父親在鄉修路、建亭的善行。至第四代的胡貞觀更是於 1851 年高中舉人，後又援例補戶部員外郎。他也成為胡氏墨業發展中最有影響力的後裔。在胡貞觀掌持墨業時，有資本 20 萬銀元，工人 100 餘人，年產高級墨 300 擔。這時的胡開文墨已經無可爭議地奪取了徽州墨業的「霸主」地位。

胡氏家族的政治、社會關係網不僅在其市場名聲擴大、市場份額的佔領上產生了重要影響，在危難時期也曾起到保護作用。太平天國時期，許多大族墨業遭受戰亂之災，但胡開文墨則躲過此劫，主要是因為胡餘德有個性格豪放、社會交往廣泛的九子胡錫煥，他與太平軍亦有來往，翼王石達開等甚至都曾在胡開文墨店訂製過墨品。同時，又由於受到政治庇護，曾國藩曾親手題「胡開文墨店」的匾額（文革中被毀），據說休寧老店在咸、同兵亂之後，即掛起了這塊匾額，從而也躲過了官兵之劫。因而在清徐康所著《前塵夢影錄》中有記載：「……汪近聖繼曹素功而起，嘉慶、道光間甚著名，選料極有佳者。劫（太平天國）後惟胡開文盛行……」。〔註27〕

第五節　小　結

本章對明清時期地域性商人崛起的歷史背景、制度環境進行了分析，對家族商人運用宗族、同鄉社會資本的情況進行了考察，對其中特殊的社會資本，即政治關係著重進行了分析。明清時期處於中國古代傳統社會的末端，一方面仍然沿襲著古代社會中央集權、缺乏正式商業法律體制和其他公共產品供給的制度背景，另一方面這一時期又處於新舊兩個社會的交替之際，有一定的轉型性質。在這種制度環境下，商人需要運用大量非正式的機制來獲取資源並保障自己的利益。史實證明，商人對社會關係網絡的運用確實起到了獲得資金、人力，以及信息溝通的重要作用，這在正式制度和商業信息溝通技術嚴重缺乏的情況下是極為重要的。這一時期商人社會資本的一個特點是對政治特權性關係的運用，官商關係表現為商人對政治的嚴重依附、官商的相互滲透。商人對政治關係的運用一方面為商人提供了市場和資源，另一方面也成為商幫走向衰落的原因之一。這也是商人群體在特定制度背景下的無奈之舉。本章最後運用傳承近二百年的胡開文家族墨業為例，對這一時期商人家族對社會關係網絡的依

〔註27〕曹氫，胡開文墨店：休寧墨業的背影，休寧縣人民政府，2006 年 11 月 22 日，http：//www.xiuning.gov.cn。

賴情況進行了生動地說明。家族式商業模式之所以能夠綿延數百年，除了其經營治理有道之外，社會資本的作用也不容小覷。

圖 4.1　胡氏家族商號概況

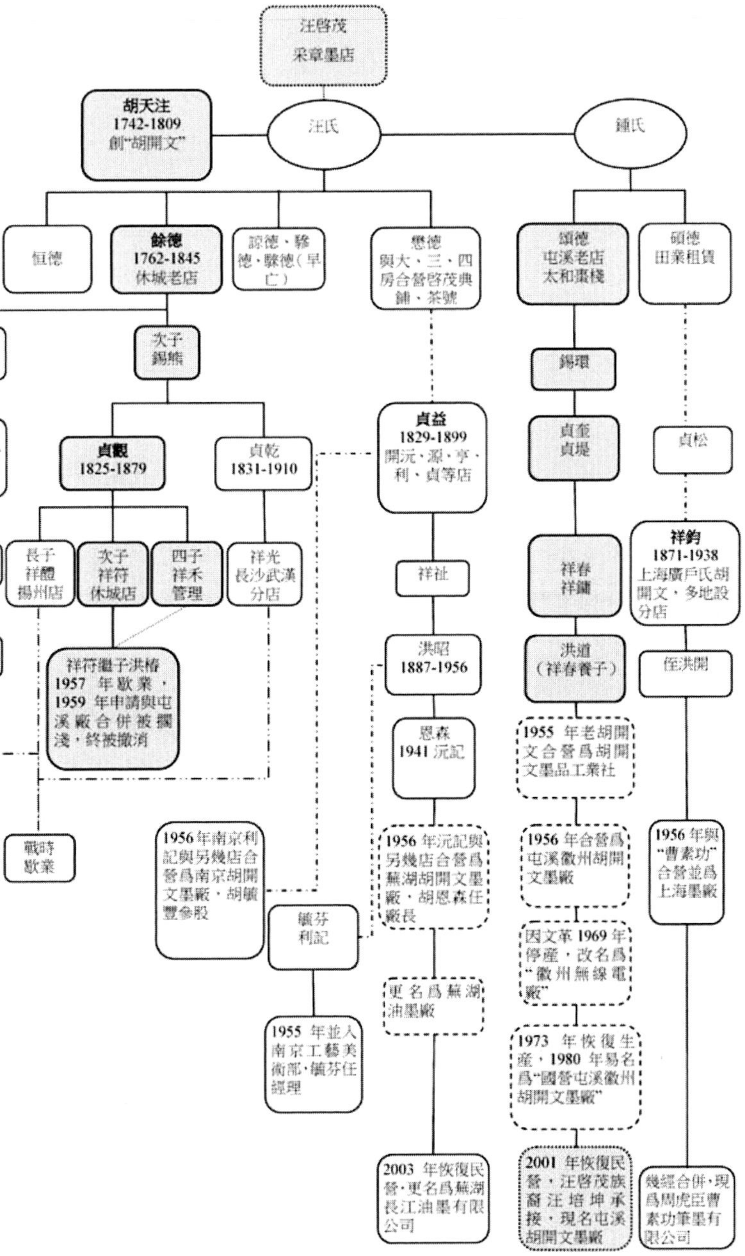

第五章 制度環境與集體層面的社會資本：明清會館與商人集體行動

　　如第四章第四節中對明清時期歷史和制度背景的描述，儘管明清時期的商業環境較爲寬鬆，但正式制度發展程度仍然滯後，產權的界定和保護機制嚴重缺乏，在市場上信息的不對稱也成爲市場活動中的常態，這些原因都導致了商人的權利得不到政府層面的有效保護、貿易活動有很大的不確定性。然而，在這種背景下，這一時期商品經濟仍然得到了巨大的發展，遠程、異地貿易成爲明清時期商品流通領域的一大特色。這一時期，商人除了運用個人層面的宗族、家族、同鄉關係網絡爲家族商號的發展提供保障，商人在異地開設商鋪、進行貿易的另一個保障是商人群體層面的社會資本。這主要體現在商人結成的「幫」上，而會館的建立則很大程度上成爲來自同籍的商人成「幫」的一個重要標誌。會館是建立在共同的信任、鄉誼、規範和習俗等社會資本因素基礎上的，商人以商號的名義加入會館，會館作爲集體行動的載體，在缺乏產權保護機制的背景下，對商人、商號權益的保護起到了積極的作用。

　　商幫、會館所體現的社會資本屬於集體層面社會資本的範疇。儘管現代家族企業也會加入各種形式的商會和行業協會，但由於當前的制度背景，商會和行業協會的自發性遠沒有明清時期的會館突出，發揮的作用上也沒有會館那麼顯著。因而將明清商人會館作爲集體層面的社會資本研究對象更具有典型性。有關明清地域性商幫的大量研究大多都涉及商幫的家族宗族網絡、社會關係、商人網絡以及政商關係等問題，但鮮有研究從社會資本的角度來

考量，社會資本理論恰為這些零散的史料提供了一個理論框架。在共同的社會資本基礎上商人實現了自我懲罰和共同抵禦外部風險的一套完整機制，從而保障了商人在外地貿易時的利益。本章試圖從社會資本的視角運用簡單的博弈原理，對明清時期商人會館的對內自我治理和對外集體行動機制進行探究。這對明清商人群體及其組織的相關研究有一定借鑒意義，對當代私營企業的商會和行業協會等組織的發展也有重要的啟示。

第一節　明清商人會館概況

　　明清地域性商人組織會館，是指以地緣關係為紐帶，由商人自發興辦的非官方組織或中間組織。會館建立的目的旨在為商人提供鄉情交流、商情溝通，以及聯合起來抵禦風險和保護商人的利益。儘管有共同的目的是會館得以建立的一個重要理由，但 Olson（1965）發現，集體共同利益是一種公共物品，容易產生「搭便車」問題，因而具有共同利益的集體並非必然產生集體行動。社會資本理論為集體行動能夠得以發生提供了很好的解釋（Ostrom，1998；Putnam，2000）。對明清時期異地經商的商人來說，基於地域性的鄉誼、商人間的共同信任、習俗、信仰等社會資本因素則是商人能夠聯合起來的前提。

　　會館主要集中於當時規模較大的城市，如北京、蘇州、漢口、上海等。就早期會館的功能來看，北京的會館多是同鄉官員、縉紳和參加科舉的人員聚會之處，而蘇州、漢口、上海等商貿發達的城市早期即為商人所建，具有明顯的商業性質，四川的會館則主要是同鄉移民聚集的場所。本研究的側重點在於會館的商業性質。可以說，會館是不同地域商人在經商地的辦事機構，是商人以地域為界限的社會網絡活動的載體。需要說明的是，明清商人會館與宋時的團行、明代的鋪行、清末出現的商會是有區別的。團行、行是官府批准成立、為支應官府科索需要服務的，有為官府充當耳目的任務。清朝時，原來的行、鋪行等組織也仍然存在。而會館擺脫了官府的羈絆，成為純粹的商人自己的組織（吳慧，1999）。在政府權力強大的時代，會館發起的自願性，治理上的自律性是其重要特點。儘管「會館」與「幫」不是等同的概念，但明清時期地域性商人之所以被稱為「幫」，很大程度上是由於來自同一地域的商人在經商地建立起了聯結鄉誼的會館，因而會館的規模基本上也反映了某一地域商人社會網絡的範圍。

一、會館的歷史發展

　　會館的出現，據目前史料可上溯到明永樂年間。到全盛時期，會館幾乎遍佈了全國各地，北至東北、內蒙和甘肅，南至閩粵臺甚至海外，東至沿海，西至新疆，各地會館以各自不同的姿態活躍於該時期的歷史舞臺上（王日根，1996）。就影響力最大的晉徽兩商來說，晉商會館約創始於明中後期，到了清代幾乎遍佈全國合行省和商埠（張鈞，2006）。徽人則在明嘉靖萬曆時於北京先後建立了歙縣和休寧會館，但起初都是「專為公車及應試京兆而設」，尚無商業用途。入清以後，全國大小商業都會中幾無不有徽州會館，南京上新河、江西景德鎮等地徽人所建會館則徑被稱作「徽商會館」（張海鵬和王廷元，2010）。

　　康雍乾嘉時間，會館的勢力達到最盛。在會館取得重大發展的時期，與會館並存的公所也逐漸增多，與會館略有不同的是，公所的同業組織性開始加強，但兩者常有交疊，只是側重點有所不同，實際上會館雖同鄉情誼重，但也常是同行業的同鄉所建立。為簡潔起見，本研究只稱會館。清咸同以後是會館的蛻變分化時期，就上海的會館來看，1840 年以前地緣性會館占商人組織的 30%，而到 1840 年以後（統計至 1911 年）則銳減為 3%（王日根，1996）。到民國初年，由於商會與同業公會的興起，同鄉組織的工商性質漸漸減弱，甚至於消失（吳慧，1999）。

二、會館的運作

　　商人會館大多由同籍商人、商號募集捐資修建，資金來源中也會有同鄉官員士紳。商人或商鋪都可作為單位入會，入會需要交納一定會費。商業性會館通常下設「福」、「會」、「綱」、「堂」等子機構。會館專屬建築物的存在是會館得以產生的基本前提，是由團體成員所擁有的共同產業，會館的規模大小與運作的好壞經常與該籍商人經營活動的成敗密切相關（王日根，1996）。會館的負責人不必由官府認可，而是直接由商人自己公舉或輪值。如前所述，商人會館不同於官府科索之用的行會，但有時會館會代辦納稅，這對商人免受勒索反有一定好處（吳慧，1999）。會館不僅在商業中扮演了重要角色，在當時的社會管理上也起到了一定作用。作為一種制度性創新，會館在「正史」中無人論及，即使是明清地方志也都多有缺略（王日根，1996）。

三、會館的泛家族性質

商人會館的會員主要由同籍商人、商號組成。梁瀨溟說:「離開家族的人們沒有公共觀念、紀律習慣、組織能力和法治精神,他們仍然需要家族的擬制形態。」(梁漱溟,1987)。家族觀念還不斷泛化,以致血緣、地緣與利益關係都可以成為宗族發展的聯繫紐帶,於是出現了許多宗族的擬制形式,成為基層社會的集團組織,比如會館就是這種擬制形態。建立在異地的商人會館在很大程度上體現出宗族家族運作的痕跡,但會館既以家族為母體但又超越家族。對外界的隔膜使鄉土之情特別顯得重要,人們便由對家族的依附轉向了對鄉親的依附,鄉音、鄉俗、鄉土神靈直至鄉土建築都可成為鄉人集合的紐帶(王日根,1996)。同鄉的關係僅次於家庭和宗族關係,便於形成裙帶用人關係,所以同鄉就是發展組織成員和聯絡生意夥伴的主要標準。雖然同鄉觀念決非中國所獨有,但它在中國社會的普及卻達到了其他國家不可比擬的地步。為什麼城裏這麼多的當地人總是搞不過少數的外來戶?答案自然在於外來戶具有極良好的組織(也即會館)(羅滋曼,2005)。

四、會館的職能

(一)社會職能

會館建立之初的重要職能即為同鄉會聚,在會館中從事一些家鄉習俗活動以及一些教育慈善事業,如建祠、祭祀、喪葬、義學、施醫等等。而這一系列活動的最終目的都是為了聯結商人間的鄉誼,以增強會館商人的凝聚力。這對商人聯合起來抵禦外部風險,保障商人的利益有著重要的作用。以晉商為例,晉商會館最初是為了同鄉會聚,在會館中做一些在家中所做的事,如建祠、祭祀、聯絡鄉情等。如北京山西臨襄會館的碑記內容對這種鄉誼有著直觀的描述:「會館之立,所以聯鄉,篤友誼也。朋友居五倫之一,四海之內,以義相投,皆為兄弟。然籍同里井者,其情較洽。籍同里井,而於他鄉遇之則尤洽。」[註1]這裏講的「倫」也即傳統儒家文化下中國人社會關係的表述。

會館也具有重要的宗教、祭祀功能,如山西平遙顏料商在北京建立的顏料會館,最初為葛梅二仙廟宇,後來擴展為會館。清乾隆六年(1741)《建修戲臺罩棚碑記》稱:「我行先輩,立業都門,崇祀梅、葛二仙翁,香火攸長,

---

[註1] 修建臨襄會館碑記,李華,《明清以來北京工商會館碑刻選編》,p.23。

自明代以至國朝百有餘年矣」。〔註2〕洛陽的潞澤會館，最初為也關帝廟。盛澤的徽寧會館內，中殿供關帝、東西供忠烈王、東平王，殿東別院供朱熹。奉祀神靈的作用，一是祈求、答謝神靈保祐「安居廛市、不遭回祿，水陸平安，生意不息」；二是通過祭祀燕會，聯絡感情，團結同鄉商人；三是以神靈精神塑造商人道德，使家家「通達義理，心同而力同」、「忠信相孚」、「孰信義」、「崇信行」，警戒成員的「愧心亂規」行為（吳慧，1999）。

會館的教育職能主要體現在行義學上，如崇儒的徽商在其會館中不惜鉅資興建書院，聘用名師培養同鄉子弟。如在漢口、天門等處所建的徽人會館直接名為「新安書院」，浙江湯溪的會館則取名「紫陽書院」。這充分體現了徽商「好儒」的特點。

不少會館還辦理殯舍、義冢、善堂、義塾、留醫所等善舉，增強會館的凝聚力。即所謂「疾痛屙恙，相顧而相恤」（吳慧，1999）。如遇天災地變或其他不時，有的會館便救助會員之貧困者或疾病者，養育孤兒、施醫贈藥（全漢昇，1934）。會館的這些活動，不僅給客商提供了各種便利，更重要的作用是聯絡了感情，團結同鄉商人，在商人信用、道德的塑造上也起到了重要作用。

（二）商業職能

會館還為商人提供了一個資金借貸和商業信息交流的平臺，從一定程度上統一了同籍同業商人的商業規範，維持了商業秩序。從商人個體社會資本的角度出發，商人在會館中也擴大了自己的社會和商業資源。如會館提供一定的借貸服務，會館收入的經費，或存於錢莊，或借貸給會員，均由董事負責管理。如上海廣肇會館的剩餘款項，會員只要有相當的保證，便可借用（全漢昇，1934）。會館在給同籍商人提供商業信息上也起到了重要作用，如徽州會館「溝通商情，評議市價」的作用凸顯。徽州工商會館成為「交流市場信息、調劑城市商品買賣的市場運作場所」（范金民，1999）。

此外，同鄉會館往往亦具有明顯的同業性質，由於新來的同籍商人常依附於先到者，自然會傾向於在同業中經營。因而會館在其內部有一定的規範商業習慣的功能。同一會館的商業規範往往由會員共同制定，如通用貨幣行市、度量衡、買賣價格、罰款、貨物毀損賠償費等。也正因為這個原因，會館也有一定壟斷功能（王日根，1996）。

〔註2〕建修戲臺罩棚碑記，李華，《明清以來北京工商會館碑刻選編》，p.1。

（三）司法職能

在商業法律制度缺乏的明清時期，會館提供了重要的司法職能。會員在異地經商發生商業糾紛時，一般都會由會館進行仲裁，對於重大事由，會館則可能聚集全體會員來評判處理。會館的決議有很大的強制力。有些會館，會員若直接訴之於法庭，而不把紛爭案件交與會館辦理，那會館便要對其進行處罰。並且，會員與外界發生爭執時，必先訴之於會館，由會館為之出頭處理，以免孤單軟弱被人欺負（全漢昇，1934）。會館不僅本身提供司法職能，在涉訟時也往往群起助之。如徽州商人在涉訟時，「每遇鄉里之訟，不捨身償之，又以眾幫眾，無非為己身地也」，「致於涉訟，群起助金」。上海的徽寧會館思恭堂就是在徽州人幫助寧國人打贏官司後，兩府商人聯合建立起來的（陳聯，2000）。這也顯示了會館強大的集體行動能力。會館具體的司法職能會在下節進行總結和分析。

以司法職能為基礎，結合其他職能，會館在缺乏規範商業活動和保護商人權利的正式制度的明清時期起到了重要作用。可以說，會館提供了一定的公共物品供給或制度供給功能。儘管會館的社會資本具有俱樂部性質，但普遍存在的眾多會館在一定程度上正如 Coleman（1988）所描述的集體行動者一樣，起到重要的城市治理作用。

第二節　社會資本、會館與商人集體行動

本節著重在會館的司法職能和抵禦風險的功能上進行較為詳細的闡述，而這兩種功能最終反映的是會館對地域性商人經濟利益的保護。社會資本對內的作用主要體現在商人會員之間的互相信任上，這能夠解決成員的搭便車問題，而社會資本對外則表現在會館作為一個集體行動者對統治者進行對抗，這種集體行動體現了成員間的凝聚程度，從而保護了商人的產權和利益。

一、對內集體懲罰機制：克服搭便車

在正式法律制度相對缺乏的環境下，會館的集體自我懲罰機制和仲裁機制在商事活動中也起到了重要作用，可以說會館在明清時期起到了重要的司法職能。司法職能也分為兩種情況，一種是會館擁有一定的商事裁判權，如前所述，這表現在同鄉商人間發生糾紛時，往往先向同鄉會館請求調解（馮

筱才，2003）。值得注意的是另一種集體懲罰機制，也即對不誠信或破壞商幫形象的成員實行集體懲罰，這種懲罰或會館自行實施，或成員聯名上稟。商幫會館一般都設有嚴格的規章制度，對破壞規則者、有損商幫形象者，輕則進行物質處罰，重則驅逐出會。這種懲罰功能主要是建立在會館成員信息共享的基礎上的，一旦有人作出不誠信行為破壞了本商幫的聲譽，這種信息會在會館內得到有效的傳播。這在各商幫中都有所體現。

　　清乾隆四十九年（1784）臺灣的鹿港泉郊會館規章較為完整地顯現了當時會館的懲罰機制。在公事參與上，「簽首如有公事問眾，諸同人均宜向前共商，公事公辦，不得袖手，致廢公事，違者罰銀六元充公」；對會員交易上，「船戶先後次第大小，分別幫期，不得奮先爭載，趕篡出口，違者罰銀，以充公費不貸」，「交關欠數，恃強橫負，應當稟究，諸同人不論親朋，能為苟完更妙，不得助紂為虐，察出罰酒筵賠罪」。「……苦樂共之，查時失所，稟官報請查究，諸同人不論有無貨額在內，各宜向前協力，不得袖手旁觀，合應聲明」〔註3〕。「公事公辦、不得袖手、協力、合應」等描述體現了會館對商人行事的集體性規範。徽商所興辦於新安的惟善堂《典業須知》中也有類似的規定，有成員「甘心敗事，不顧聲名……固望諸同人齊心密訪，倘遇不肖者出，會館出場驅逐」〔註4〕，「齊心」、「會館出場」直接體現了從維護會館聲譽角度對「不肖者」的集體式懲罰。《上海江西會館章程》第七章《出會》中規定了兩大出會的原因：一為自願，二則為會員檢舉。「會員犯有左列各項之一者，經會員三人以上舉發，查有實證，開會公決令其出會：一、違反國法者。二、不守會章反破壞本會館者……」〔註5〕。

　　在物質懲罰上，有罰金形式，也有一些特色處罰，如北京顏料會館在道光八年（1828年）的行規規定：「倘有無恥之輩，不遵行規，缺價少賣，隱藏篡數，異日諸號查出，甘心受罰，神前獻戲一臺，酒席全備，不得異說。如若不允，改以狡猾，自有闔行公論」〔註6〕。也即對不遵守行規的成員罰戲罰酒。而受到懲罰是件十分「沒面子的事」，重則影響到會員的商譽，因而這種

〔註3〕轉引自王日根（1996），p.228-229。

〔註4〕《典業須知・敦品》，清抄本，哈佛燕京學社影印資料，
　　　　http://nrs.harvard.edu/urn-3：FHCL：2766463。

〔註5〕彭澤益，《中國工商行會史料集》，北京：中華書局，1995，p.859。

〔註6〕彭澤益，《中國工商行會史料集》，北京：中華書局，1995，p.610。

懲罰還使得違規者在聲譽上受損（燕紅忠，2011）。再從實例來看，如光緒二年（1876）六月十八、十九兩日的《申報》記載了金陵某會董事沈某被同幫三四百人聯名驅逐的事件，沈某因在機戶未同意的情況下「額外加釐，以冀迎合上（指本行管轄官員）意」，「干犯眾怒……由是同行會議，遂聚其幫三四百人，聯明具稟」〔註7〕。光緒四年（1878年），《申報》題為《續勸晉賑號捐說》中寫道「向聞西幫（晉商）貿易規矩最善，定制綦嚴，倘有經手夥友等虧挪侵蝕等情，一經查出，西幫人不復再用，故西人之經營於外者，無不兢兢自守，不敢稍有虧短，致於罪戾」〔註8〕。

　　以上懲罰機制可以用簡單的博弈分析加以證明。Olson（1965）認為「選擇性激勵」是一種解決「搭便車」現象的有效方案。「選擇性激勵」是指對參與集體行動的人提供獎賞，而對搭便車的人給予懲罰。由前述可知，各地的會館一般都發展出各自的懲罰機制，從而有效預防和克服了「搭便車」行為。會館有道德教化的作用，所謂「百行買賣，厚其生，利其用，未有不先正其德者〔註9〕」這無疑對商幫商人信用的形成有著重要的作用，但會館更深層次促進商人間信用生成和維持的原因則在於集體懲罰機制的形成。下面即用簡單的博弈模型來說明這種機制的原因。這裡假定有兩個商人進行兩種交易，一種是沒有約束條件下的交易，一種加入了會館的約束，加入會館的前提是需要繳納一定會費，這與史實也是相吻合的。

1. 沒有約束的商人交易

　　建立一個簡單的博弈模型來解釋會館對商人的約束作用，也即會費和懲罰措施等約束機制的施行，對於商人的信用生成有很大的作用。

　　首先來看沒有組織或制度約束時商人交易的情況，假定兩人各自所耗的交易費用相同，因而忽略不計。假定有兩個自由商人 A 和 B 進行一次交易，若兩個商人都守信，則交易得以履行，兩人各得 I 的收益（I＞0）；若一方違約而另一方履約，則違約方得到 2I 的收益，而履約方會損失 I；若雙方都不信任對方，都未履約，則兩人收益都為零。兩商人交易的支付矩陣表示如下：

〔註7〕彭澤益，《中國工商行會史料集》，北京：中華書局，1995，p.691-692。
〔註8〕《山西票號史料》編寫組，山西票號史料，山西經濟出版社，2002，p.608。
〔註9〕彭澤益，《中國工商行會史料集》，北京：中華書局，1995，p.215。

表 5.1　無約束的商人交易

		B 履約	B 違約
A	履約	I ， I	-I ， 2I
A	違約	2I ， -I	0 ， 0

這是一個簡單的囚徒困境，雙方都違約是唯一的均衡。爲便於理解，用「交易、不交易」來代替「履約、違約」也同樣適用。當然這只是一次交易的情況，考慮長期的重複博弈，倘若商人在有良好名聲的情況下，例如雙方爲同鄉關係，有一定的信任基礎，雙方有著對未來交易較好的預期，則交易能達成並持續。

2. 會館制約下的商人交易

再來看有會館約束情況下的博弈，會館不僅能夠給同鄉的商人提供感情慰藉、一些俱樂部物品和信息交流，還能通過一些有效的監督懲罰機制來有效約束商人的行爲。假定仍然是商人 A 與 B，雙方要成爲會館的會員，需要交納會費 F，倘若商人有違約行爲，則會受到會館懲罰，成本爲 P。支付矩陣如下：

表 5.2　會館制約下的商人交易

		B 履約	B 違約
A	履約	I-F， I-F	-I-F， 2I-F-P
A	違約	2I-F-P， -I-F	-F-P， -F-P

由納什均衡的條件可知，當 2I-F-P〈I-F，-F-P〈-I-F，也即 P〉I 時，才會有（履約，履約）的均衡，這意味著當處罰力度 P 足夠大時，雙方的履約行爲才會達成。這就證明了會館對於約束商人行爲、提高商人信譽方面的作用。再來看重複博弈的情況。假定貼現率爲 r，在無限次重複博弈中雙方都保證履約，交易就可以維持下去，但一旦一方發生了違約情形，違約方會受到懲罰並被排除出會館。能夠保證不違約的條件爲 r（〔（2I-F-P）-（I-F）〕〈I-F，也即（I-P）〈（I-F）／r 時，這意味著採取機會主義的一方的一次性收益（I-P）小

於後面交易中的總收益（I-F）／r時，會實現雙方的均衡。

這個博弈模型表明，會館通過收取商人一定的會費作為約束，從而保證會館成員間交易的順利實現。倘若有成員違約，則其聲譽在這種熟人社會網絡中很快就會被大家所知曉，從而以驅逐出會館作為懲罰，而理性的商人通常是不會做出這種不利己的決定的。這種約束保證了商人利用會館進行自我治理並保證自己的聲譽。

二、對外共同抵禦外部風險機制：保護商人產權

會館建立的另一個重要原因是聯合商人共同抵禦外部風險，以降低交易費用。這也成為會館建立後的重要功能。如前章所述，這些風險主要來自牙行、政府、當地競爭者，以及利益相關的宗族勢力和地痞等等。一些地方政府部門利用權力隨意提高稅收以欺壓外籍商人，如天津的閩粵會館與當地官廳的交涉使得廣東和福建會員載貨入口時納稅手續大大簡化，從而避免了會員遭受損害（全漢昇，1934）。再如嘉慶十九年（1814）洛陽稅收部門提高對潞澤布商稅收，引起晉商不滿，潞澤會館以商團名義告至官府，歷時一年，幾經周折，終於勝訴，減免了稅收（劉建生，燕紅忠和張喜琴，2012）。

牙行對客商的盤剝尤為嚴重，因而來自牙行的威脅成為外地商人在經商地聯合建立會館的最重要原因之一。實際上充當牙人的不少是地主惡霸或流氓無賴之徒，「倚勢作奸，壟斷取利」；到清代，會館與牙行鬥爭的事例見之於史的則更加多見。這時，會館在外籍商幫與牙行相周旋、抗衡中對本幫所起的保護作用（吳慧，1999）。如北京仙城會館《創建黃皮胡同仙城會館記》中指出，客商所以創建會館，就是為了擺脫牙人對信息的阻隔，「吾儕乃寄動息於牙行，今安得萃處如姑蘇也？……吾儕久寄動息於牙行，今安得萃處如湘潭也？……吾儕終寄動息於牙行，今究安得萃處如吳城也……唯有斯館，則先一其利而利同，利同則義洽，義洽然後市人之抑吾利者去，牙儈之侵剝吾利者除」〔註10〕。由此可知，仙城會館是為抵制當地勢力和防止牙行的侵剝而設。再如，山西商人臨汾會館碑記中有記載：「凡晉省商人，在京開設紙張、顏料、乾果、煙行各號等，夙敦鄉誼，共守成規……光緒八年（1882）十二月，有牙行六吉、六合、廣豫三店，突興訛賴之舉，凡各行由津辦買運京之貨，每件欲打用銀二錢。眾行未依，伊即在宛平縣將晉商紙行星記、洪

〔註10〕創建黃皮胡同仙城會館記，李華，明清以來北京工商會館碑刻選編，p.15-16。

吉、源吉、敬記四號先行控告」〔註11〕。從這些記載可以看出牙行與商人間的糾紛不斷，許多會館都是出於抵制牙行盤剝的初衷而建立的。

第三節　會館社會資本的局限性

明清時期商人群體集體行動儘管彌補了這一時期正式法律制度的不足，但由於會館的社會資本是建立在特殊血緣和地緣信任基礎上的，而這種基於特殊信任的社會資本往往會讓商人成「幫」結派，在結成集體行動保護會員利益的同時，在一定程度上也有負面影響。這主要體現在會館具有相當的封閉性，在行業競爭上可能會造成一定的壟斷。

會館不少都具有同業性，儘管專業性的同鄉會館一般不以限制同行間的競爭為目的（王日根，1996），但會館必然也會起到聯絡團結本鄉商人進行競爭或對付競爭的作用。如明清以來，江蘇盛澤鎮的「瑞坊、煉坊、染坊等工業，皆為紹興人所獨擅，團體甚堅，動輒把持壟斷。而近鎮腴田亦駸駸入其掌握，勢力範圍日益擴大」〔註12〕。造成這種局面離不開當地寧紹會館的作用。會館組織在促使幫派競爭、壟斷方面所發揮的作用由此亦可見一斑（陳忠平，1993）。會館的封閉性和壟斷性還體現在對老會員的保護上。為保護原有會員的利益，不少會館對新加入的會員有相當的限制，如多收入會費，或強行入幫。漢口江西會館記載：「凡新開店者，當出錢一串二百文；新來漢口為店員者，當出入幫錢四百文……新來漢口貿易者，一年之內，屆出於會館，若入幫延遲一月者，公同處罰；目下在漢口之商人不分明者，查出後當遵規約入幫。」（全漢昇，1934）當然，這種會館、公所試圖壟斷市場的能力其實不能過份高估。在這些市場規模有限的行業裏，不欲遵守「行規」的業者其實頗常援引政府禁止「把持行市」法令以保障自身權益（邱澎生，2012）。

基於這種同鄉團結，會館除了有一定壟斷功能外，會館的權力也使得其在對待衝突時有一定的隨意性，當土客之間或客民之間為各自的利益發生衝突時，會館的首事或董事往往公同出面，利用自身的影響力，甚至指使同鄉青壯無牽掛者使用暴力來達到目的（陳聯，2000）。

〔註11〕 京師正陽門外打磨廠臨汾鄉祠公會碑記，李華編《明清以來北京工商會館碑刻選編》，p.88。

〔註12〕 （民國）沈雲，《盛湖竹枝詞》卷下，轉引自陳忠平（1993）。

第四節 小 結

本章首先對明清商人會館的歷史概況、會館的運作、職能等問題進行了簡要梳理和分析。在此基礎上，運用簡單的博弈分析對商人會館集體社會資本的替代正式制度功能進行了嘗試性探討。由於共同的風俗習慣、社會規範和信仰等社會資本因素，商人會館爲在異地經商的同籍商人提供了一個良好的平臺。會館除了基本的聯結鄉誼、道德教化、教育醫療等功能外，在商人的經商活動中則扮演了重要的角色：一是會館成員通過一種集體監督約束的懲罰機制，保證了商人的順利履約和良好聲譽；二是會館作爲集體行動的載體，共同抵抗來自牙行等的外部威脅，從而保障了商人的經濟利益。當然，由於會館建立的基礎是基於特殊信任的社會資本，會館也有一定的封閉性和壟斷性。總的來說，會館的商人自治機制對現代私營企業的社會團體組織的發展有一定的現實啓示。

第六章　制度環境、社會資本與
　　　　　現代家族企業

　　暫且越過中國經歷的百餘年跌蕩的歷史，將目光拉回當下轉型時期的中國。儘管制度環境已經發生了翻天覆地的變化，但經濟的發展速度與相對不完善的制度環境並不相匹配。適應現代市場經濟的法律、金融等體制幾乎經歷了一個從無到有的過程。與明清時期民間的、家族式的商人群體崛起一樣，現代中國的民營經濟和家族企業也從不完善的制度環境中崛起，並且這些新興的企業家群體也被賦予了浙商、粵商、魯商等地域性的稱號。這些企業家對中國改革開放以來經濟的增長起到了至關重要的作用。據 2016 年的數據統計，非公有制經濟創造的國內生產總值已占 GDP 的 60%左右，創造了 80%左右的社會就業崗位〔註1〕。中國經濟的迅速崛起引起了世界範圍內學術界的關注，Allen et al.（2005）提出了這樣的疑問：轉型時期的中國的正式制度非常落後，但中國的經濟仍然取得了驚人的增長，尤其是對整體經濟做出了巨大的貢獻的私有經濟更是取得了高速的發展。經過研究後，他們發現在正式制度不完備的情況下，非正式的治理途徑起到了很大的作用。而社會資本正是非正式途徑中的重要因素。

〔註 1〕國務院辦公廳關於進一步做好民間投資有關工作的通知，國辦發明電〔2016〕
　　　　12 號，2016 年 07 月 01 日，http：//www.gov.cn/zhengce/content/2016-07/04/
　　　　content_5087839.htm

第一節　現代家族企業成長的制度環境

　　由於我國民營經濟中的相當數量的企業具有家族性質，因而民營經濟的發展歷程也就反映了家族企業的歷史變遷。據「中國私營企業研究」課題組自 1992 以來進行的 12 次全國私營企業抽樣調查數據，家族企業是大多數私營企業採用的組織形式。在計劃經濟時期和改革開放初期，家族企業的命運是由國家政策、外部制度環境決定的。對轉型期的中國來說，企業發展的制度環境實際上就是不斷市場化的過程，也是經濟、政治和社會體制不斷改革的過程。改革從農村開始，實行家庭聯產承包制，首先解放農村生產力，為改革創造了雄厚的物質基礎，然後向城市擴展。前期以國企改革為中心，進入新世紀後，以行政管理體制改革、建設公共服務型政府為關鍵、經濟體制改革同政治、文化、社會體制改革協調推進。具體階段劃分可見表 6.1。經過三十多年的體制轉軌，中國的市場化程度不斷提升，特別是 1992 年中國正式確立「社會主義市場經濟體制」的目標後，市場化程度提升速度明顯加快（張卓元，2007）。本研究僅將與家族企業發展緊密相關的制度環境要素進行整理分析。

表 6.1　中國經濟體制改革的階段劃分

	時期	1978～1992		1992～2020	
大階段	特徵	研發發展階段：實驗性、探索性破壞舊體制		更改推進階段：系統性、主動性制度創新	
小階段	時期	1978～1984	1984～1992	1992～2003	2003～2020
	特徵	農村改革為重點	城市改革為重點	建立新體制框架	完善新體制框架

資料來源：陳宗勝，高連水和周雲波（2009）

二、現代家族企業成長的歷史和制度背景

（一）歷史背景：改革開放，百廢待興

　　我國現代家族企業的發展經歷了一個曲折的過程。新中國建立初期，以家族制模式存在的企業在 1956 年「一化三改」〔註 2〕後出現了暫時的斷代。

〔註 2〕所謂「一化」就是逐步實現國家的社會主義工業化；「三改」即逐步實現國家對農業、手工業、資本主義工商業的社會主義改造。

到 1970 年代，農村出現了社隊企業、鄉鎮企業和聯戶企業，但這些企業除去其集體的「公」有制外表，相當一部分是基於血緣和地緣關係的農戶聯合創辦的企業。比如所謂的聯戶企業，多數是由有血緣和地緣關係的農戶集資開辦，只是使用了大隊的名義、賬戶和發票。可以說這些企業即為現代私營企業的潛伏期或萌生期。即使到了 1980 年代，由於私營企業仍未取得合法地位，因而也沒有統一的名稱。在調查統計時，只能根據各自的理解，用「專業大戶」、「個體大戶」、和「新經濟聯合體」等詞彙來代替（張厚義，1999）。由此可見這一時期私營性質的企業所面臨的嚴酷的制度環境。

　　1978 年十一屆三中全會以後，在農村實行的家庭聯產承包責任制對非公有制的崛起乃至整個經濟發展都影響深遠。這一改革使得一部分農民成為相對自由的剩餘勞動者。1980 年代初期，全國農村約有剩餘勞動力 1 億多人，占勞動力總數的 30%左右，其中溫州和晉江的情況則達到 50～60%。這些剩餘勞動力就須在非農業中另謀出路。城市的情況是，計劃經濟時期國家安排城鎮勞動力，但基本上只有國有企事業單位和集體企業安置的一條路子，由此勞動就業的路子越走越窄。直到 1981 年政策對個體經濟有所放開。由此，個體經濟在城鎮也發展起來（張厚義，1999）。

（二）政策導向的制度環境變革

　　我國非公有制經濟的發展階段有著明顯的政策導向性，每頒佈一條利好的政策法規，甚至一個重要講話，都會給民營經濟的發展帶來春天的氣息。鄧小平曾幾度提出「要允許一部分人、一部分地區先富起來」的思想。如改革早期，1979 年 2 月，國家工商行政管理局的局長會議上提出各地可以批准一些有正式戶口的閒散勞動力從事修理、服務和手工業者個體勞動，但不准雇工；1981 年 10 月，中共中央、國務院指出，「在社會主義公有制經濟佔優勢的根本前提下，實行多種經濟形式和多種經營方式長期並存」。這些政策信息都給私營經濟的發展帶來重要信號。1987 年中共十三大指出：「私營經濟一定程度的發展有利於促進生產，活躍市場，擴大就業，更好地滿足人民多方面的生活需求，是公有制經濟必要的和有益的補充。」1992 年，鄧小平南巡講話明確提出了社會主義可以實行市場經濟。自此，私營經濟得到了飛躍式發展。對所有制改革的歷程可以從歷屆黨代會的指導思路看出大致的情況，詳見表 6.2。

表6.2　中共十二大（1982）以來黨代會對所有制改革的指導思路

會　議	所　有　制　改　革　指　導　思　路
十二大	社會主義國營經濟在整個國營經濟中居於主導地位……在很長時間內需要多種經濟形式並存。
十三大	在以公有制爲主體的前提下發展多種經濟成分……允許私營經濟的存在和發展
十四大	以公有制包括全民所有制和集體所有制經濟爲主體，個體經濟、私營經濟、外資經濟爲補充，多種經濟成分長期共同發展，不同經濟成分還可以自願實行多種形式的聯合經營。
十四屆三中全會	必須堅持公有制爲主體、多種經濟成分共同發展的方針。隨著產權的流動和重組，財產混合所有的經濟單位越來越多，將會形成新的所有制結構。
十五大	非公有制經濟是我國社會主義市場經濟的重要組成部分，對個體、私營等非公有制經濟要繼續鼓勵、引導，使之健康發展。 公有制實現形式可以而且應當多樣化，股份製作爲現代企業的一種資本組織形式，資本主義可以用，社會主義也可以用。
十六大	堅持和完善以公有制爲主體、多種所有制經濟共同發展的基本經濟制度。除極少數必須由國家獨資經營的企業外，積極推行股份制，發展混合所有制經濟。
十六屆三中全會	要大力發展國有資本、集體資本和非公有資本等參股的混合所有制經濟，實現投資主體多元化，使股份製成爲公有制的主要實現形式。
十七大	要以現代產權制度爲基礎，發展混合所有制經濟
十八大	毫不動搖鼓勵、支持、引導非公有制經濟發展，保證各種所有制經濟依法平等使用生產要素、公平參與市場競爭、同等受到法律保護

資料來源：根據歷屆會議整理

　　儘管政策導向上不斷地利好於非公有制經濟的發展，但從這個過程中也可以看出非公經濟發展道路的坎坷和曲折，這當然也在很大程度上反映了作爲非公有制經濟重要組成部分的民營家族企業生存和發展的不利環境。

（三）法制環境：法律體系的構建和產權保護的加強

　　法律制度是最爲典型和重要的正式制度，可以說我國現在的法律制度是在改革開放初期一片法律廢墟基礎上建立起來的。經過三十多年的法制建設，儘管企業發展的法律環境已經發生了巨大變化，但仍有許多問題。如將具體的經濟制度寫入憲法，法律法規和政策在內容上經常交織等等，這從一定程度上反映了我國法律體系不夠獨立的現狀。自新中國成立以來，我國的

法制建設大致經歷了這樣一個歷程：從新中國成立初期「破舊立新」式的司法建設，1957 年至「文革」時期「摧枯拉朽」式的司法革命，改革開放之初「撥亂反正」的司法重建，到現在不斷走向深入的司法體制改革（熊秋紅，2009）。

1. 經濟領域法制建設概況

在改革開放之初，我國的經濟領域立法相當貧瘠。1982 年通過的新憲法確立了經濟立法的重要地位，憲法直接提到要制定的法律有 30 部之多，其中關於經濟方面的立法就有 12 部。經過三十多年與經濟發展相配套的法制建設，這種強制性的制度變遷使得我國法治經濟已具雛形。目前形成了包括規範市場主體、維護市場秩序、加強宏觀調控及勞動與社會保障立法在內的一個相對完整的社會主義市場經濟法律體系。自 1992 年中共十四大將「建立社會主義市場經濟體制」確定為我國經濟體制改革的目標，經濟法制建設開始有了實質性的飛躍。1997 年中共十五大明確提出「依法治國，建設社會主義法治國家」的基本目標，則標誌著我國治國方略的轉型，經濟法制建設真正步入了由單純的「加強經濟法制」到「法治經濟」轉變的新的歷史時期。

1993 年的憲法修正案明確要求不再「實行計劃經濟」，提出「國家實行社會主義市場經濟」，而且努力推進市場經濟體制的確立。憲法修正案認可了私營經濟、個體經濟等非公有制經濟的合法地位及其重要作用，為經濟發展注入了新的活力。與此同時，憲法修正案逐步放鬆了對土地等生產要素的控制，並加大對公民合法財產的保護力度。有關經濟領域的立法主要表現在：先後制定了《公司法》、《個人獨資企業法》、《企業破產法》等法律，建立健全市場主體制度；制定《民法通則》、《物權法》、《商標法》等法律，建立健全明晰的產權制度；制定《合同法》、《反壟斷法》、《消費者權益保護法》等法律，建立健全規範市場行為的制度。通過法律制度建設，在體制上、制度上規範了發展市場經濟的秩序。

2. 非公有制經濟相關法制建設

憲法修正案先後認可、突出了私營經濟、個體經濟等非公有制經濟的合法地位及其在社會主義市場經濟中的重要作用，明確私營經濟和個體經濟是社會主義市場經濟的重要組成部分，國家保護二者的合法權利和利益，從體制上為私營經濟和個體經濟提供了充分的生存和發展空間，為我國經濟發展

注入了新的活力。1988 年 4 月，第七屆全國人民代表大會通過的憲法修正案，第 11 條增加了「國家允許私營經濟在法律規定的範圍內存在和發展。私營經濟是社會主義公有制經濟的補充」等內容。用國家根本大法的形式把民營經濟的地位和作用在法律上固定起來。同年 6 月，國務院發佈《中華人民共和國私營企業暫行條例》等有關法規，使得私營經濟的合法地位從法律層面上得到了確定。1999 年的憲法修正案，成為中國非公有制經濟快速發展的顯著標誌。在這次修憲對第十一條做了重要修改，規定「在法律規定範圍內的個體經濟、私營經濟等非公有制經濟，是社會主義市場經濟的重要組成部分」，「國家保護個體經濟、私營經濟的合法的權利和利益」，刪去 1988 年憲法非公經濟是社會主義公有制經濟「補充」的提法。這是除了政策保障，在正式法律制度上為非公有制經濟提供的正式制度保障。

3. 產權保護相關法律

North & Thomas（1973）對近代西方國家興起的原因進行研究後，認為制度因素是經濟增長的關鍵，具體的能夠提供適當個人激勵的制度則是經濟增長的決定性因素，而人的財產權制度正是這種關鍵制度。英國在 16 世紀就已經建立了較為完備的財產權制度，美國從建立國家起就在憲法中確認了保護個人財產的基本原則。可以說，如果沒有一套健全的保障個人產權的法律制度，無論是封建莊園制度、還是近代工業都很難發展起來。

我國在計劃經濟時代對私人產權的保護無從談起，期間人們只能以集體、社隊的名義來發展「私人」的產業。正由於產權保護的缺失，導致了這一時期特殊的「紅帽子」企業等現象。早在 1989 年時，中國社科院的課題組對江蘇、浙江、廣東等鄉鎮企業進行訪問調查，發現調查戶中 1 / 3 以上的企業是掛鄉鎮企業牌子的私人企業；社科院與全國工商聯在 1993 年的調查中發現「紅帽子」企業占集體企業的比例為 50～80%；而 1994 年國家工商管理總局的抽樣調查則發現我國鄉鎮企業中有 83%實際上是私營企業〔註3〕。實踐表明，因為產權混亂，這種「紅帽子」現象產生了諸如偷稅漏稅、實際業主受損和滋生腐敗等種種弊端。隨著對私營經濟政策的變化，「紅帽子」企業才逐漸減少。由《中國私營經濟年鑒（2000）》對私營企業摘去各種「帽子」的原因調查來看，其中經營自主權和產權的保證是企業「摘帽」的最重要的原因，詳見表 6.3。

〔註 3〕數據來源：黃孟復（2008），p.328。

表 6.3　私營企業摘去各種「帽子」的原因

理　　由	比例（%）
各種所有制企業稅收已拉平	4.3
經營活動中的限制比較少了	17.5
社會地位有所提高	19.7
經營自主權較易得到保證	27.9
明晰產權，避免出現糾紛	23.3
其他	7.3
合計	100

資料來源：中國私營經濟年鑒 2000（2000，p.350）

　　2003 年 3 月 14 日，十屆全國人大二次會議通過自憲法 1982 年頒佈以來第四次修正案。其中第二十二條規定：「公民的合法的私有財產不受侵犯。」這一規定標誌著我國公民的私有財產權開始從一般的民事權利上升到憲法權利，受到國家根本大法的認可與保護。2007 年 3 月 16 日《中華人民共各國物權法》頒佈，規定：「國家、集體、私人的物權和其他權利人的物權受法律保護，任何單位和個人不得侵犯。」如果說《合同法》是交易法，那麼《物權法》是歸屬法，從正式制度上保障了財產權的明確歸屬，產權應該是物權法的內核。從市場上來看，物權法則對市場主體的財產進行平等保護，在市場經濟發展中有著無可取代的地位。物權法的立法的基本目標和作用在於通過確認產權和保護產權，維護國家基本經濟制度，維護市場經濟秩序，促進物盡其用（王利明，2007）。這部法律被認為對推進經濟改革和建設法治國家都有著重大意義，對作為市場主體的企業，尤其是私營性質的家族企業來說則更是具有非凡的意義。

二、家族企業發展的歷史進程

　　如前所述，私有企業主要從農村開始發展，而這些企業基本都是家族性質。鄧小平講話讓一部分人先富起來，之後個體戶才有了合法身份。隨後，各地開始產生自發的私營企業。但是私營企業在 1988 年以前都是不合法的，如 1982 年溫州「八大王」被捕，罪狀就是雇傭工人生產商品賺了錢。具體來看，私營、家族企業的發展階段可以做如下大致劃分：

1. 萌生、起步階段（1986 年以前）。1970 年代至 1982 年可以說是私營企業的萌生時期。在農村，1970 年代中期，出於吃飯的需求，社隊企業在各地悄悄辦起來。東南沿海由於集體經濟相對薄弱，則以聯戶企業爲主。如前所述的，這些企業實際上打著社隊的名義，行的是私營、家族企業之實。在當時嚴酷的背景下，這些企業受到嚴重打擊，但由於其頑強性，基於血緣、地緣關係的團結性，仍然得到了迅速發展。以晉江一個縣爲例，據 1978 年的數據，社隊企業就達 1141 家，這其中聯戶企業佔了 87.5% 之多。1982 年，中央政治局討論並通過了鄧小同提出的對私營企業「看一看」方針，這成爲私營經濟的一個新起點。一旦獲得政策上的放鬆，私營企業就會借助家族、地域關係網絡迅速發展。以 1986 年的數據來看，相比 1983 年，僅三年的時間全國登記的個體工商業戶數、就業人數以及註冊資金就分別增長了 1.05 倍、1.47 倍和 5.51 倍（張厚義，1999）。

2. 曲折發展階段（1987～1991）。這個階段，有關私營經濟的政策、法規陸續出臺。總體上說，政府層面這一時期主要對私營企業加強整頓、進行規範管理。1988 年 4 月 12 日，七屆全國人代會以通過修改憲法的方式，進一步肯定了私營經濟的合法地位、權益及發展，1988 年 6 月頒佈《中華人民共和國私營企業暫行條例》，是一部關於私營企業的綜合性基本法規。至此，我國私營經濟眞正進入合法發展的階段，但仍是社會主義公有制經濟的「補充」。但是，由於市場的不規範，這一時期也出現了假冒偽劣產品的問題，加之 1985 年以後國民經濟下降，1989 年政治風波，這一時期民營企業的發展也出現了曲折。從 1989 到 1991 年，「公有制爲主體，多種經濟成分共同發展」的方針政策並沒有變化。但事實上，這三年的個體私營經濟的發展出現了停滯甚至下降。這使得不少企業家開始擔驚受怕，於是又出現了戴「紅帽子」、找靠山的現象。私營經濟在這一時期經受了一些挫折。

3. 高速增長階段（1992～1997）。1992 年，鄧小平南巡講話，十四大召開，改革力度得到了加大。經濟得到了新一輪的高增長，由此也產生了更多商業機會，如房地產、金融市場，以及經濟高速增長帶來的其他商品需求等。這給私營經濟創造了新的機遇。民營企業得到迅猛發展，一批大型企業成長起來。1996～1997 年，大批科研人員、海歸人員「下海」創業，並且以產權制度改革爲主要內容的鄉鎮企業改革得以推行，單一的集體所有制經濟向多樣化轉變。這一時期，非公有制經濟由「補充」變爲「社會主義市場經濟的

重要組成部分」。

4. 轉型、提高和優化階段（1998 年至今）。在這一階段，政府制定了強化社會主義市場經濟的決策，從中央到地方都出臺了不少鼓勵、推動民營經濟發展的新政策、新措施。民營經濟的政策環境更爲良好和寬鬆，中國民營經濟迎來了新的春天。一批頗有實力的民營企業及集團湧現出來，帶動了民營經濟實現快速的發展，民營經濟不僅成爲國民經濟增長的重要支撐力量，而且日益成爲推動市場化改革的主要動力。企業規模和所涉及的經營領域不斷擴大，幾乎涵蓋了目前國家政策所允許民間資本涉足的領域，民營經濟在 GDP 的所佔比重越來越大，詳見表 6.4。中國民營企業組織形式由最初的個體工商戶發展爲私營企業，再發展爲有限公司、集團公司、股份有限公司等等，這些企業形式逐漸成爲了中國民營經濟的主要結構，其家族性質也由家族成員所有、經營逐漸變爲家族控制。

表 6.4　內資民營經濟占 GDP 的比重

年　份	民營經濟占 GDP 比重（％）
2000	42.8
2005	49.7
2011	50
2013	60

數據來源：據 2000 年以來歷年《中國民營經濟發展報告》數據整理

第二節　現代家族企業的社會資本

大量企業社會資本相關研究較多集中於對社會資本的靜態分析，比如短時期橫截面的社會資本的功效，而較少對其動態變化進行探討。除了應繼續關注社會資本對績效的影響外，結合我國現代家族企業成長的制度環境背景，分析企業社會資本本身的結構，進而從動態層面分析家族企業成長中不同結構或類型社會資本的動態演變，以及與家族企業發展演化的關係，是十分必要的。處於轉型時期中國的制度環境正在發生一系列變革，在這種大背景下，社會資本隨著社會經濟環境的變化本身也有一個變遷的過程，而家族企業除了自身的成長過程，更是與制度環境的變遷密不可分。前面我們已經分析了我國改革開放

以來家族企業制度環境的大體變遷過程，在此背景下，下面重點對社會資本自身的變遷過程，以及其與家族企業成長的關係進行一系列討論。

一、經濟轉型時期家族企業的社會資本演變

儘管家族企業發展的制度環境是逐漸改善的，但這經歷了一個曲折的過程。相對於較爲容易觀測的政策和法律環境等正式制度，社會資本在企業成長過程中起到了什麼作用呢，這些社會資本自身是否也經歷了一個變化的過程？總體來說，自經濟改革以來，家族企業所面臨的社會資本的變遷大致分爲以下兩個階段：

1. 家族企業發展的前半階段，親緣性和地緣性是家族企業社會資本的主要特點。在私營家族企業初始起步階段，正處於計劃經濟的尾聲，儘管從整體制度環境上來看對私營經濟的政策有所鬆動，但私營經濟在這一階段的主要目的仍然是謀求生存。計劃經濟時期，社會資源的分配依靠的是國家權力，而改革開放後，這種分配方式在相當程度上喪失了效力，同時，有效的市場機制並沒有跟上私營經濟的發展進程。在這種情況下，依賴非正式的社會關係網絡自然成爲商人的選擇。這種非正式的機制建立於特殊信任關係，在交往過程中，也成爲商人建立和維護信任關係、進行交換和尋求支持的基本形式（李路路，1995）。具體來說，這一時期家族企業多利用傳統社會網絡中基於血緣和地緣的家族、親屬和同鄉關係，從這些社會關係網絡中獲得企業創建和生存的物質和人力資源。據「中國私營企業研究」課題組於 1997 年對全國逾千家私營企業的抽樣調查數據，這一時期的私營企業普遍採用家庭家族所有的形式。51.8%的企業爲業主一人獨資，在全部調查企業中，業主本人投資占投資總額的 82.7%，而在所有其他投資者中，又有 16.8%是業主的親屬（張厚義與明立志，1999）。企業無論是資金來源、管理人員還是技術人員的組成，都有重要的血緣性、地緣性或友緣性特點。研究中國私營資本原始積累的親緣性問題不能不涉及中國私營資本原始積累的地域性問題。我國浙江的溫州、台州、義烏、富陽、湖州，江蘇的蘇州、無錫、常州地域，福建的石獅、晉江、泉州，廣東的南海、東莞、順德、湛江、潮州，安徽的銅陵、安慶、宣城，河北的保定、廊坊、清河，山東的煙臺、濰坊、壽光、東營、諸城，吉林的通化、延邊等私營經濟較發達地區的形成，除了其區位優勢，與其地緣關係發達也有重要關係（張其仔，2002）。

2. 隨著企業規模發展壯大，以及基於科技等新型企業的崛起，企業社會資本的形式也開始轉變，基於友緣的、業緣的，甚至更普遍信任的社會關係所佔的比重越來越多。對於從經濟改革早期成長起來的家族企業來說，隨著企業規模的不斷擴大，以及企業經營的產業結構調整、地域的變化等等原因，家族內部可能出現利益分化，這時企業一方面會採取「去家族化」的策略，另一方面應企業規模擴大，以及市場的規範、社會法制環境等變化的要求，企業經營者也不斷擴展更廣闊的社會資源，如企業同業之間、企業與客戶之間，以及更為廣泛的利益相關者關係。這些新的社會關係，尤其是同業間的關係，往往會以同地域或同業間的社會團體形式來呈現，比如行業協會，地域性商會等等。這些組織的具體情況會在下文進行具體闡述。

　　但這種劃分僅僅是對在經濟社會轉型背景下企業家社會資本變化趨勢的一個總結，並不是說不同類型的社會資本是一種完全的替代關係。儘管基於普遍信任的市場型、公民型社會資本會在市場經濟中扮演越來越重要的角色，但對企業來說，尤其是初創的企業，家族的、地域的個人層面的社會資本仍然起到舉足輕重的作用。

二、企業家個人的社會關係網絡

　　自經濟改革以來占主導地位的工商企業家有三類：農民出身的企業家、官僚出身的企業家和海外歸國人員與工程師出身的企業家（張維迎，2010）。這三類企業家大致隨著改革的推進而依次興起。實際上，第三類企業家的範圍應該更廣，如除工程師外的其他高學歷創業者。海外歸國人員、工程師，以及高學歷的其他領域專業人才，都是在自己專業領域內掌握一定技術或管理技能，對市場有著敏銳的眼光，因而可以把第三類創業者歸結為新生代企業家，這類企業家也是技術和知識時代最重要的創業力量。本節即以這三類企業家為例對商人個人層面的社會資本進行梳理。

　　這三類企業家的教育背景、從業經歷、公司的經營管理方式，特別是與政府的聯繫，都各有不同。從私營企業創辦前這些企業家的職業背景能夠反映出其在創業初期所利用的社會資本的基本形態。從全國工商聯主辦的中國私營企業大型調查（1993～2006）數據可以看出（見表 6.5），早期創業者的背景中，農民、工人和低級職員占的比例最大，他們所依靠的主要是基於血緣的家族關係網絡。隨著改革的深入，這類創業人員的比例呈減少趨勢。而公有制企業人員和工程師的人數則有顯著增加，這與張維迎的判斷基本一致。

表 6.5　私營企業主創辦企業前的職業背景

職　　業	1991 前(%)	1992～1995	1996～2000	2001～2006
農民、工人和低級職員	30.2	26.7	24.7	26.1
個體戶	24.2	20.0	18.2	21.3
政府官員和村幹部	5.9	10.6	12.3	9.7
公有制企業經理人和承包人	22.0	18.8	23.9	22.3
公有制企業營銷人員和工程師	12.3	18.0	15.1	13.6
軍人及其他	3.4	4.0	3.7	3.6
下崗和無業人員	2.1	1.9	2.1	3.5
總數	100	100	100	100

資料來源：中華全國工商聯（2007，p.154）

　　第一代占主導地位的是農民出身的企業家，產生於 1970 年代末和 1980 年代初的農村改革。有關經濟改革從農村開始的背景在前面已有詳述。他們崛起依靠的主要社會資本是基於血緣和地域的家族關係和鄉緣關係。目前民營企業領域的許多中堅力量都是這一時期崛起的農民企業家，如魯冠球就是典型代表。如前所述，這一時期的企業相當數量上都是以鄉鎮企業的形式出現的，也即所謂的「紅帽子」企業。而這種「紅帽子」企業大多是借著公有的名義，但實際上是由家族成員，或同鄉、朋友等私人掌控。掛靠公有制單位後，這些企業就可以十分方便地運用公有制單位的聲望、信譽、客戶網絡、信息知識和人際關係，為自己謀取更大的社會利益。從這類「紅帽子」企業「摘帽」前後的資產構成（見表 6.6）就可以看出，這類企業實際上大部分是由投資者個人出資，鄉鎮企業、社隊企業等名稱只是一個外表形式。

表 6.6　私營企業「摘帽」前後實有資產構成

	企業成立時（%）	1999 年底
主要投資者個人	71.6	71.0
其他投資者	19.7	16.0
群眾集資	1.8	1.0
鄉鎮、街道集體	0.5	0.1
各級政府、軍隊、武警	0.1	0.3

其他企業	4.2	7.0
海外投資	0.5	5.0
其他投資	1.7	—
合計	100	100

資料來源：中國私營經濟年鑒（2000，p.356）

　　第二代是官僚出身或有國企背景的企業家，他們或誕生於上世紀80年代末的政治風波，或受到鄧小平1992年講話和國有企業改革的推動。改革開放早期，「公職」人員對下海做生意並沒有太大興趣，直至1988年私營企業合法化，情況才有所改變。一些地方基層的政府官員開始從事私人工商業，一批具有企業家才能的官員開始「下海」。從數據來看，僅1992年就有12萬官員從政府辭職，開始從事私人工商業，其中部分官員與準官員是以停薪留職的條件興辦工商業，數以千計的教授、大學生和工程師加入到他們的行列中（張維迎，2010）。與農民企業家不同，這些官員或知識分子都受過良好教育，擁有較高學歷。並且，停薪留職的人仍在政府部門工作，與對關鍵性資源握有控制權的舊同事有更好的聯絡。由於政治特權、社會資源的便利，他們從一開始從事的即為高附加值的行業，如金融服務、地產、咨詢和高科技等。馮侖是這一時期崛起的企業家的典型代表。馮侖於1989年失去公職，後與五位政界好友於1992年在海南創建了萬通。當然這一時期的私營企業的家族性相比農民企業家要削弱了許多。企業家們的關係網絡主要以政治關係、職業關係和朋友關係為主。

　　第三代是海外歸國人員，工程師，以及其他專業性的高學歷企業家，主要崛起於20世紀末至21世紀之始。私營企業家的文化素質逐年提高，從歷次全國工商聯的私營企業調查數據來看，大專以上文化程度的企業主的比例逐年上升（見圖6.1）。隨著互聯網的興盛以及中國的國際化進程加快，尤其是加入世界貿易組織，地方政府為吸引留學生回國在高新技術領域創業，在稅收、用地等方面都採取了優惠政策，許多留學生開始回國創業。同時，新興產業也吸引了國內許多有企業家才能的本土工程師等高學歷人員。這一時期創業者的社會資本更加強調技術和業務上的志同道合。如李彥宏就是這一時期的典型代表。1999年，李彥宏與妻子馬東敏介紹的朋友、同是北大畢業的徐勇一起回國創建了百度，馬東敏在李彥宏創業過程中也扮演了重要角色。

圖6.1　私營企業主大專以上文化程度比例變化（1994～2006）

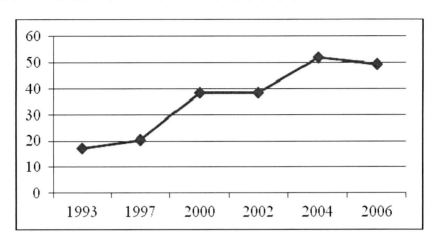

資料來源：根據《中國民營經濟發展報告No.8（2010～2011）》
（2011，p.24）數據繪製

第三節　家族企業的特殊社會資本：政治關聯

　　近幾年企業政治關聯的相關研究越來越多，這些研究早期都側重於政治關係會給企業帶來資源或提高經濟效益（衛武，田志龍和劉晶，2004；胡旭陽，2006；羅黨論和劉曉龍，2009）。近些年隨著研究的不斷深入，才有學者關注到企業政治聯繫的負面影響，比如會讓民營企業背負較重的成本，或者造成尋租（鄧建平和曾勇，2009；余明桂、回雅甫和潘紅波，2010；張祥建和郭嵐，2010；于蔚，2016）。總的來說，目前相關研究多關注政治關係的結果，從實證角度來研究政治關聯帶來的企業績效或成本，對家族企業建立政治聯繫更為深刻的歷史和制度背景、制度環境變化對企業政治關係依賴性的變化等關注較少。企業建立政治關聯並不是新鮮的話題，也並非中國特有，但中國私營企業似乎更熱衷於去獲取政治地位和建立政治關係，這其中的原因，一方面可能源於中國傳統社會工商業者對這種歷史傳統有著強烈的路徑依賴，另一方面更與中國經濟轉型時期的歷史和制度背景有著緊密的關係。與公有制經濟相比，在產權相對缺乏保護、資源獲取相對困難的情況下，商人們不得不主動尋求政治聯繫；而政權層面為了統一戰線需求，也會主動吸納私營經濟力量參與政治。

一、政治關聯的主要形式

整體上看，鑒於當前中國的政治格局，以及私營經濟力量的社會屬性和利益要求，企業家們主要通過兩種方式建立政治聯繫：一是通過正式組織參與政治系統的活動，實現與個人利益的結合；二通過個人的社會關係或非正式的活動來建立政治聯繫，或者稱之為「院外形式」（李寶梁，2001），以獲取相關資源。至於後者，也是產生尋租腐敗問題的重要原因。

（一）政治參與：尋求政治身份、地位

商人參與政治活動，取得政治身份和地位是政治參與的重要形式，也是建立政治關聯的主要途徑。一般的過程是，從最基礎的加入共產黨或者其他民主黨派組織，到在各級商會或行業協會中擔任職務，再到進一步地獲得政協委員或人大代表身份，從而實現與政府部門的經常性聯繫，並作為私營經濟代表反映一定訴求。實際上，企業主從事這些政治活動的目的多是為謀求更高層次的發展創造有利機會，更明白地說是為取得更有實用價值的社會資本和物質利益建立一條途徑（李寶梁，2001）。2002 年，中國共產黨十六大對黨章進行修改，私營企業主作為「其他社會階層的先進分子」的一部分以及「六大新社會階層」之一，可以入黨。據中國社科院所做的調查，至 2012 年，資產規模越大的私營企業主群體中的黨員比例越高，1 億元以上資產規模的私營企業主中黨員比例達到 53.2%。私營企業中建立黨組織的比例自 2002 年以來呈增長態勢，基本上以每兩年 2%～3%的速度在增長。2002 年、2004 年、2006 年和 2008 年的比例分別為 27.5%、30%、36.7%和 47.8%。總的來說，自經濟體制改革以來，私營企業業主對政治參與的熱情越來越高。從歷次工商聯組織的私營企業調查中私營企業主加入共產黨的比例的增長上可見一斑。詳見圖 6.2。

圖 6.2 私營企業主入黨情況（1993～2004）

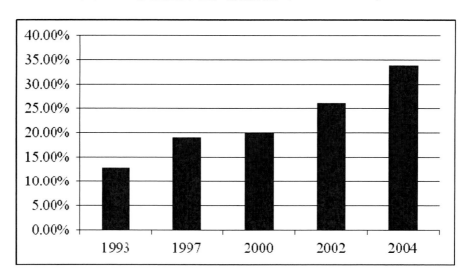

資料來源：根據全國工商聯 2004 年第六次私營企業抽樣調查數據繪製

（二）非正式的政治關聯

更值得注意的是非正式的政治關聯，這種關聯往往是基於私人關係，是一種實際普遍存在但又難以監管的形式。除了通過正式途徑進行政治參與，企業主往往運用親戚、朋友、同鄉等私人性的關係編織的人脈關係網絡，在非正式場合進行「院外」活動，以爭取實現經濟資本與權力資本在非制度環境內的轉換（徐露輝和陳國權，2006）。這種轉換主要通過以下兩種方式：

一是企業家與官員建立利益共同體。比如官員或其親屬兼任企業職位、顧問，或直接持有股份。在這種利益關係下，政府官員就可以爲企業提供一定政治庇護，或爲企業獲得資源提供便利，如在土地、信息資源等方面的優惠。再如近幾年的「官員獨董」、官員任行業協會或商會職務等現象，企業、社團組織通過聘請退休官員擔任領導職務，以發揮其在政治資源上的「餘熱」優勢。

二是企業家與政府官員建立個人交往關係。在人情社會裏，利益共同體是建立在一定的情感與個人信任基礎上的，這種信任往往是特殊信任。這種個人關係，既可能是企業家本人的親友、同學、同鄉等在政府任職，也可能是通過親友等關係結識政府官員，從而建立政治關係網絡。與官員交朋友、與官員確立準親戚關係在社會上甚至被廣泛認爲是本身能力的體現（徐露輝和陳國權，2006）。

二、企業家建立政治關聯的動因

（一）主觀動因：尋求保護、獲得資源和利益表達

如前面對私營經濟發展的制度背景進行的分析，我國改革開放之初，剛剛要從計劃經濟向市場經濟轉變，私營經濟地位的提高也經歷了一個曲折的過程。這一時期，法律非常不健全，各種市場經濟制度都沒有建立起來，私有產權得不到很好的保護，私營經濟力量更是難以進入重要的經濟領域。儘管經過三十多年的制度建設，中國的制度環境已經得到了極大的改善，但與成熟的市場經濟體制相比，仍然相對欠缺，且在政策、法規的實施上也仍然存在許多漏洞。就企業來說，目前仍然存在著一些行業壁壘和不公平待遇，私營企業仍然在很大程度上受制於政治或行政權力，在實際的資源配置中仍設有不少有形無形的障礙。可以說，政治資本與經濟資本分離的程度，遠沒有法律文本與政策文件所宣示的那樣大（徐露輝和陳國權，2006）。這就使得私營經濟仍然面臨著相對不公平的環境。並且，由於政商關係有悠久的歷史傳統，這種對傳統的路徑依賴很難在短時期內被徹底打破。

在多元主義政治體系中，商人往往通過社會團體進行橫向利益表達。儘管中國也有諸如工商聯、行業協會等表達商人利益的團體組織，但相對於西方，這些團體組織的自發性和獨立性較低，總的來說中國的次級社會團體是相對缺位的。因而，商人更多地利用私人網絡來尋求縱向的權力庇護或資源途徑。在體制內，他們通常非常小心謹慎、務實主動地配合政府，充當政府的助手（徐露輝和陳國權，2006）。也就是說，儘管企業家普遍都會通過以上形式參與政治，但這僅是出於自我保護的反應，商人群體並未形成一支獨立的政治力量和自覺完整的政治要求。商人介入政治更多的是為了政治名分，從而獲得政治中心的認可，或者通過這種政治資本來鞏固和擴大經濟利益（李寶梁，2001）。

（二）家族企業建立政治關係的客觀推動力：統一戰線的需求

家族企業建立政治關聯實際上有重要的客觀因素。在我國目前政體下，主動鼓勵非公有制經濟人士參與政治，是建立統一戰線的要求。這是許多研究沒有注意到的。隨著私有經濟力量的壯大，私營、家族性的企業家已經成為社會經濟實力雄厚的階層，對他們的政治安排也是執政黨提高執政能力的一項重要任務，他們的政治參與狀況對社會改革、發展與穩定都會產生重要

影響。非公有經濟力量被政治系統吸納，並獲得各種政治參與的機會，實際上是政府提高其社會控制力的一種手段。從政府角度來看，具體的措施除了在企業建立基層黨組織，最重要的則是通過一些官方或非官方的組織吸納企業界的領袖人物。這種參與所體現的是主政者和參與者共同的利益需要，可以說兩者之間達成了一種「關係性合意」（李寶梁，2001）。

從統一戰線角度的企業家參與政治的來看，自經濟體制改革以來，我國私營經濟力量參與政治的歷史進程大致經歷了三個階段的變化：1979～1988年，對政治參與比較冷淡；1988～1991年，無序的政治參與；1991年至今，有序的政治參與。1991年，中共中央批轉中央統戰部《關於工商聯若干問題的請示》的通知指出：做好非公有制經濟代表人士的思想政治工作，對鞏固和發展愛國統一戰線具有重要意義。中共中央的指示明確了非公有制經濟代表人士是新時期統一戰線的重要對象〔註4〕。據此，工商聯將非公有制經濟人士納入統一戰線範圍，在他們中建立一支代表人士隊伍，一方面加強對代表人士的思想政治工作，另一方面對他們作出適當的政治安排，使他們能進入人大、政協和工商聯參政議政。1992年鄧小平南巡講話後，這一工作更加有序進行。政治參與的基本狀況也從關心政治、到將關心的問題上升為政治要求並反映出來，進而到獲得一定政治安排等一系列變化。參與情況具體分為兩大類，一是安排性參與，主要指一些私營企業主經有關黨政部門和組織的推薦，進入人大、政協，或所在工商聯、青年聯合會等組織中任職，參加相關的政治社會活動；二是非安排性參與，主要指一些私營企業主自發地要求加入中國共產黨或民主黨派，自行參與地方領導職位選舉，自辦報紙和刊物等（姜南揚，1999）。

三、企業家建立政治關係的負面效應

從政府層面來講，過多的政治聯繫難免導致尋租、腐敗的問題。權力轉換是有延遲效應的，制度發展也存在不平衡性（宋時歌，1998），這就使得以權謀私或權錢交易獲得了生長的土壤。同時，由於地方政府間存在著競爭，出於政績需要，有些地方政府會給一些企業特殊的經濟政策或政治參與機會（李寶梁，2001），這則造成了另一種市場不公平。如前所述的「官員獨董」

〔註 4〕非公有制經濟代表人士是新時期統一戰線的重要對象，中共中央統一戰線工作部網站，http://www.zytzb.org.cn/09/theory/lunshu/dengxiaoping/200909/t20090928_576060.html

現象，2001 年獨立董事制度被引入中國上市公司，目的是制約高管侵害股東權益。然而經過十幾年的發展，這個制度卻成了部分官員退休後的一個去處。私營、家族企業對官員獨董的需求尤其迫切，他們聘任官員獨董最終的目的無非是借力退休官員的政治關係及人際關係資源。除了任企業獨董，還有不少官員擔任各種行業協會的會長，如超聲電子的獨立董事陳國英曾任廣東省信息產業廳處長，後任廣東省電子行業協會會長，廣東平板顯示產業促進會會長，還兼任深圳市德賽電池科技股份有限公司獨董〔註 5〕，可謂身兼多職。這其實是一種利益輸送的行為，很容易產生官商勾結和嚴重的腐敗現象〔註 6〕。

再從私營企業層面來講，儘管企業通過政治關聯能夠取得一定權力性庇護和獲得資源的便利，但建立政治關聯實際上需要相當大的投資，這反而給企業增加了新的交易成本。而政治關聯帶來的利益也並不是完全可以預期的，甚至存在相當大的風險，不少企業會因政治領域的風波受到嚴重牽連。並且，制度環境是在不斷完善的，隨著市場競爭環境的逐漸公平化，在政治關聯上的過度投資也可能會產生得不償失的後果。

四、政治參與的橋梁：工商聯、商會與行業協會

（一）全國工商聯

全國工商聯是「中華全國工商業聯合會」的簡稱，成立於 1953 年，目前是中國民營企業惟一的正式政治組織，也是全國政治協商會議成員之一。儘管又稱「中國民間商會」，但與普通的民間商會並不相同。工商聯的工作是「黨的統一戰線工作和經濟工作的重要內容」。其主要職能作用是「充分發揮在非公有制經濟人士思想政治工作中的引導作用，在非公有制經濟人士參與國家政治生活和社會事務中的重要作用，在政府管理和服務非公有制經濟中的助手作用，以及在行業協會商會改革發展中的促進作用」。工商聯按行政區劃設置有全國組織和地方組織，工商聯按行業設立行業商會等行業組織。截至 2015 年底，全國工商聯共有會員 438 萬多個，其中企業

〔註 5〕任先博，霍瑤和吳雅舒，44 家上市公司 11 名官員獨董有人兼任協會會長，南方都市報，2014 年 06 月 19 日，http://www.nandu.com/nis/201406/19/232011.html

〔註 6〕周洪雙，李可和杜夢楚，清理「官員獨董」：拆除「政商旋轉門」，光明日報，2014 年 6 月 18 日，第 10 版。

會員 231 萬多個。截至 2016 年 6 月底，全國有 27 個省級行政區實現了縣以上工商聯組織全覆蓋，共有縣級以上工商聯組織 3,402 個，這其中地級工商聯組織 333 個，縣級工商聯組織 2,829 個，未列入國家行政區劃的市轄區、管理區、經濟開發區等工商聯組織 39 個，新疆生產建設兵團有師級工商聯組織 14 個，團級工商聯組織 154 個〔註 7〕。

　　全國工商聯具有雙重代理角色：統戰性決定了全國工商聯的國家代理人性質；經濟性和民間性的民間商會性質決定了工商聯的社會代理人性質。工商聯組織不完全吻合社會學中的獨立的社會組織特徵（波普諾，1999），因為它的存在是基於其與中國共產黨的歷史關係，可以說它們的組織權威一個重要來源是中國共產黨。從工商聯官方網站的描述中可以得知工商聯的性質和作用，它是非公有制經濟人士參與政治和社會事務的重要橋梁性組織，也是行業協會商會的重要管理組織。非公經濟人士是怎樣通過工商聯來參政的呢？進入政協和人大的私營企業主首先必須是民營經濟的代表人物，否則就不符合政協組織和人大代表的當選條件和推薦條件，而這些代表人物又幾乎都是工商聯的成員或者單位。從一些數字中就可以看出工商聯在私營經濟人士參政議政中的重要性，詳見表 6.7 和 6.8。

表 6.7　全國工商聯成員在全國政協委員會中的比重（1978～2018）

全國政協委員會界次	總人數（人）	工商聯成員數（人）	工商聯比重（％）
第五屆（1978～1983）	1988	50	2.52
第六屆（1983～1988）	2039	50	2.45
第七屆（1988～1993）	2081	60	2.88
第八屆（1993～1998）	2093	60	2.87
第九屆（1998～2003）	2267	65	2.86
第十屆（2003～2008）	2268	65	2.87
第十一屆（2008～2013）	2237	65	2.91
第十二屆（2013～2018）	2237	65	2.91

資料來源：據新華網歷年政協委員會名單整理

〔註 7〕2016 年上半年關於會員和組織發展情況的通報，全國工商聯官方網站，
　　　http://www.acfic.org.cn/web/c_000000010003000100030003/d_47010.htm

表 6.8　各級工商聯會員中時任人大代表及領導職務情況（2006）

指　標	總數（人）	非公經濟代表（人）	非公比重（%）
全國人大代表	153	139	90.8
省級人大代表	1308	1127	86.2
省級人大常委	36	17	47.2
市級人大代表	7476	6536	85.2
市級人大常委	376	227	60.4
市級人大副主任	26	6	23.1
縣級人大代表	18622	15341	82.4
縣級人大常委	1576	1173	74.4
縣級人大副主任	118	46	39.0
合　計	27757	23143	83.3
其中：各級常委	1988	1400	70.4
各級副主任	144	52	36.1

說明：非工商聯組織會員的非公有制經濟人士不包括在內。
資料來源：中國民營經濟發展報告 No.3（2006，p.40～41）

（二）民間商會和行業協會

　　民間商會一般是指某一地域的商人不分行業組織起來的商人團體，中國歷史上第一個正式的商會 1904 年成立於上海。商會與明清時期地域性商人成立的會館公所併沒有延續關係，而是更接近於西方的近代商會。行業協會指介於政府和企業之間，商品生產者與經營者之間，起到服務和溝通等作用的社會中介組織。現代行業協會與中國古代的團、行也沒有繼承性。儘管現代商會、行業協會與明清時期的會館、公所併不盡相同，但在性質和職能上有一定相似性，比如民間性、自發性，在企業與政府間起到一定溝通功能。具有現代意義的商會、行業協會在晚清、民國時期業已出現。但新中國成立後，確立了計劃經濟體制，無論是企業還是社會生活層面，都實行的是「垂直型管治」（陳健民和丘海雄，1999），也即第三章中所述結構性科層制的管理，社團的數量大幅減少，幾近消失。改革開放後，我國現在的商會和行業協會才在市場體制改革過程中發展起來。大致來說，這些社團早期是政府主導的，隨著政府職能的轉變和市場經濟改革的不斷深入，這些組織的自發性才有所加強。

　　目前我國的行業協會和商會按其掛靠組織可以分為兩大類，早期由官方主導的多稱行業協會，是一種自上而下的官辦色彩較濃的組織；後來發展起來的多由自下而上自發形成的民間經濟組織則一般稱商會，主要掛靠在工商聯繫統，官辦色彩相對較淡。但這只是一個大致劃分，在名稱上並不絕對。就行業協會來看，原國家經貿委考察日本企業管理經驗以後，於 1979 年 3 月組建了我國第一家全國性行業協會：中國企業管理協會。改革開放初期的行業協會主要由國務院批准承辦，由部門翻牌組建，和各個部門自己組辦三種情況。協會主要負責人基本上是離退休幹部、現職部、司級幹部、機關分流幹部等公職人員，很少由企業家來擔任。經費來源也主要是財政撥款，也會有自收自支的情況，活動經費靠會費和服務收入。這一時期建立的商會、行業協會，行使很多政府賦予的職能，實質上是政府的附屬機構，民間性很弱。

　　隨著非公有制企業的發展，自下而上的行業協會和商會才逐漸建立起來。由於其主要推動者是企業特別是非公有制企業，其官辦色彩相對較淡。由於目前我國行業組織管理體制問題，成立的行業協會和商會很難在民政部門登記，面臨重重手續。所以，這一部分行業協會和商會主要是掛靠在工商聯繫統，作為各級工商聯的二級商會而存在。各地工商聯行業商會（同業公會）絕大多數是由企業家擔任會長，會長和主要副會長在本行業的龍頭企業中推選產生。

　　行業協會和商會這兩種類型組織在性質、產生途徑和隸屬關係等方面存在一些差異，詳見表 6.9。

表 6.9　行業協會和商會的差異

	行　業　協　會	行　業　商　會
性質	政府部門的延伸，準官方機構	協調行業、政府、市場關係的民間中介組織
產生途徑	政府主管部門自上而下組建	會員自發地自下而上組建
會員構成	會員主體為公有制企業或較大的混合所有制企業，屬於同一綜合性行業領域	會員以民營為主，多數屬於統一細分行業或生產同類產品的中小企業
隸屬關係	多數隸屬於政府經濟部門（委辦局），具有法人資格	由工商聯指導或是工商聯的二級組織，一部分尚未取得法人資格

領導成員的產生和組成	主要負責人由業務主管部門推薦，多由政府部門分流或退休人員擔任	領導成員多由會員通過民主程序推選的業內具有較強影響並熱心為行業服務的企業家擔任
主要功能	與政府部門關係密切。在政府的授權或委託下，承擔部分行業管理職能，及時將政府的政策信息傳遞給會員企業	與民營企業關係密切。注重維護企業會員的整體利益，能及時將會員的訴求反映給政府部門，並通過開展行業自律求得公平競爭環境，使消費者和企業會員共同受益
工作機制	多按照行政規範設置機構，習慣於依靠行政指令開展工作	機構設置精幹，靈活多樣，主要通過提供服務來開展工作
辦事機構	大多由業務主管部門安排人員組成，辦事講求程序，比較規範	大多由社會招聘人員組成，工作效率較高
信息統計渠道	主要依託政府部門原有渠道，能反映行業全貌，比較系統規範	主要通過市場渠道取得，側重反映會員企業情況，比較及時，靈敏

資料來源：《中國商會發展報告 NO.1》（2004，p.67）

在成熟市場經濟社會中，行會是利益組織化的重要單位，也是公民政治參與的重要載體。這些團體以普遍主義原則為基礎，不同於注重特殊主義的初級社會組織。從利益表達上來看，這些次級社會團體真正內聚和整合了共同利益並輸送到決策程序中（徐露輝和陳國權，2006）。同樣，我國的民間商會、行業協會的初衷也是建立政治參與的橋梁，代表私營企業家階層的利益。通過民間商會進行政治參與的具體路徑是：工商聯本身成立基層商會，或者吸納已有民間商會或行業協會為團體會員，這些商會或行業協會則吸納企業會員，從而開闢出一道自下而上的政治參與通道。這個通道溝通企業與政府之間的聯繫，將企業分散的、模糊不清的個人意志轉化為明確的、一致的組織意志以影響政府的政策制定和執行（陳剩勇和魏仲慶，2003）。

但現實情況是，一方面商人群體並沒有成為一支獨立的政治力量，另一方面商會、行業協會也容易產生政治上的尋租問題。儘管社團有權自由選任領導，但相當數量的社團會邀請官員加入協會，甚至擔任會長，顯然目的是為了利用官員的政治影響和資源。並且，這些組織制度並不完善，甚至存在著嚴重缺陷。此外，政府本身對社團的干預就相對較多，在體制內參與政治實際上是一種「被組織」而不是「自組織」的過程，這些組織的官方背景實際上很容易成為政府管理的衍生工具，有些協會甚至成為個別企業主攫取利益的工具（徐露輝和陳國權，2006）。總的來說，當前我國的行業協會和商會組織規模仍然比較小，社會公信度和影響力也相對不夠，因而整體能力不強。

第四節　商會、行業協會與企業家集體層面的社會資本

　　儘管中國商會、行業協會等組織目前仍極大地受到政府的影響，但就其應有的發展方向來看，自發和自治性仍是其發展的目標。與明清時期商人會館的作用相比，聯結現代商人的商會、行業協會等社團也發揮著促進會員信息交流、提供一定法律服務等類似的作用。私營企業主參加這些社會團體的原因是歸屬感，信息溝通，積累社交資源，擴大社會網絡等。儘管這與同鄉會館較為類似，但由於制度背景不同，這種歸屬感並沒有會館成員強烈，共同信仰、風俗習慣等則更為減弱。維繫現代商會行會的主要動因可以歸結為出於更強烈的個體利益需要。

　　現代商會、行業協會的主要職能一是組織商人政治參與，二是為商人提供信息和交流平臺，三是通過集體力量為商人維權。這與明清時期的商人組織也有相似之處。具體的職能表現，如不少商會及行業協會通過組織會員企業參與展銷會，為會員尋找生意機會，有些協會為會員提供法律咨詢及律師中介服務，等等。商會、行業協會作為同行企業的自願聯合體，建立了行業協會與企業、企業與企業、企業與政府之間的聯繫。除了這些基本的作用，對企業家來說，現代商會或行業協會也起到一定集體行動載體的作用，只不過在不同的歷史、政制和經濟背景下，面臨的對象與明清時期會館有所不同，在效果上也沒有會館那麼顯著。因此下面僅就以私營、家族企業商人為主體的現代商會的集體行動作用進行簡單梳理。

一、現代商人團體的集體行動機制

　　行業協會、商會等現代商人社會團體的集體行動機制主要體現在三個方面：集體利益表達，集體對抗風險，以及集體懲罰機制。與會館類似的原理，在商會、行業協會網絡內部，信息的傳遞相對充分，這就保證了對外和對內集體行動的發生基礎。

　　從一定程度上說，集體利益的表達也是一種集體行動機制的表現，這時政府與社團作為博弈的兩方，社會團體將個體企業的意願用集體意志的方式表達出來，具體通過以人大或財經委員會等組織的方式，提請制定保護成員企業的相關法律政策，從而達到保護私企合法權益的目的。與明清會館類似，現在也仍然存在異地商會，同樣面臨著當地政府排外和與當地企業競爭的問

題。異地商會也扮演了類似的角色，代表商人群體向當地政府進行利益表達，從而解決了許多異地經商遇到的問題。

行業協會和商會集體行動取得最好效果的領域是貿易領域。尤其是在我國加入 WTO 以後，在國際貿易市場上面臨了許多新的問題和風險。商會、協會對行業進行管理和規範，是次級團體發達的西方國家通常的做法，許多行業標準即為一些國際性行業所制定。這也成為許多國家設置貿易壁壘的主要途徑。由於具有低成本優勢，中國產品往往成為國際市場設置貿易壁壘的對象。我國加入 WTO 後，面臨的反傾銷案例源源不斷，行業協會、商會在對抗這些貿易壁壘中起到了重要的作用。如溫州煙具行業協會於 2003 年籌資與歐盟打贏了第一個針對中國私企的反傾銷案，在下節中將作詳細介紹。

同樣的，行會商會內部的集體懲罰機制仍然在發揮作用。這些組織往往兼具同業性和同地域性，熟人社會的約束規則和信任機制仍然有效。對於違反商會、行業協會約定的人會受到排斥或懲罰，這維持並進一步強化了信任機制。這些契約仍然具有很強的非正式性，如溫州合成革商會達成一項口頭協議：每次召開會長辦公會議缺席者，將面臨著自掏腰包請其他成員吃飯的懲罰（楊光飛，2007），這與明清時期的對違規則者進行設宴懲罰如出一轍。

二、現代商會與社會資本：以溫州商會為例

地處民營經濟發達的浙江省，無論在自發性上，還是在現實案例上，溫州商會在全國商會中都較具有較強的代表性。比如溫州的服裝協會、燈具商會、煙具協會和眼鏡商會等，都是在行業內企業自發、自願組建的。像一些歷史較為悠久的商會一樣，溫州的商會歷史也可以追溯到 20 世紀初，在新中國建立後經歷了一個改造和萎縮的過程後，直至 1970 年代末以來現代意義上的商會才發展起來。同私營企業發展的腳步幾乎一致，改革開放初期，溫州市工商聯重新吸收新的企業會員，當時會員幾乎包括了各種所有製成分，對國有、集體、鄉鎮、私營企業等會員進行登記，同時也吸收行業協會和個人會員。上世紀 90 年代隨著私營經濟的迅速成長，溫州的商會也得到了相應的發展。由於民營經濟發達，商會自發性較強，溫州在 1997 年被國家經貿委確定為四大行業協會（上海，廈門，廣州，溫州）試點城市之一。溫州工商聯也稱溫州總商會，到 2016 年，商會會員總數 36365 個，行業協會商會 168 個，基層商會 129 個〔註8〕。溫州商會的具體情況如下：

〔註 8〕溫州總商會官方網站，http：//www.wzszsh.com/do/alonepage.php？id=2

（一）建立企業聯繫、服務信息中介平臺

溫州商會將眾多企業吸納爲會員，最直觀的作用就是建立了一個會員之間聯繫和交流的平臺。並且在此基礎上，商會還會組織一些教育培訓、學生就業等合作項目，如這幾年溫州商會就加強了與溫州大學等地方院校的合作，探索建立校企人才輸送平臺的渠道。商會還與一些金融機構合作，解決企業的融資需求，如 2010 年溫州市工商聯與銀行合作，幫助小企業解決融資困難。並且，商會經常組織企業參與一些商貿洽談會議、展覽會、交易會等等。如組織企業參與對外商貿洽談會、與有關單位合作舉辦溫州置業投資展覽會、溫州商品交易會等等，從而幫助企業拓展發展空間。這些便利都是非會員企業無法享受到的。由於商會將會員企業集中在一個相對開放結構的網絡之中，會員企業之間的交流合作得以加強，這就爲企業的發展積累了難得的社會資本（陳剩勇和馬斌，2003）。

（二）參政渠道

溫州民間商會的利益表達既有自身的組織化參與，又有政府的支持鼓勵，這兩者結合爲私營、家族企業經營者們開闢了一條準制度化的利益表達和政治參與渠道。自上世紀 80 年代末開始，許多上規模的私營企業主被溫州總商會陸續安排爲工商聯的執委，大批民間商會的領導人被選舉爲政協委員或人大代表。他們在人大、政協會議上提交議案，這成爲商人參與政治、影響政府決策的重要途徑（陳剩勇和馬斌，2003）。比如，在 2010 年溫州市「兩會」期間，溫州市工商聯提交建議 9 件、提案 40 件、大會發言 5 篇。其中，兩篇團體提案被列爲 A 類辦理件，所提部分建議被市經貿委、房琯局等部門採納〔註9〕。

（三）集體行動機制，解決公共問題

20 世紀 80 年代中期到 90 年代中期是溫州民營企業高速發展的一個時段，但由於市場的不規範和競爭的嚴酷，一些企業通過偷工減料的方法降低成本，甚至直接仿冒他人的產品，從而使產品質量出現巨大問題。「溫州人」南征北戰，但「溫州貨」也魚龍混雜；儘管賺取了第一桶金，但當時的溫州被公認爲是「假冒僞劣的源頭」，這極大地影響了溫州商人的信譽，給當時的

〔註 9〕溫州年鑒 2011，民主黨派和人民團體，http：//www.wenzhou.gov.cn/art/2012/6/29/art_12023_224611.html

溫州企業帶來了巨大的打擊。面對這種情況，除了「質量立市」的官方行動之外，企業本身以及社會團體也起到了舉足輕重的作用〔註 10〕。在各行業遭遇一系列市場困境後，各個行業開始走上了自主合作的道路，這種合作很大程度上是借助商會組織展開的。這些活動大都由一些同行業中的精英企業發起，通過自主協商的形式解決了一些公共問題，商會借助行業中的約束機制，對企業間存在的假冒侵權和競相壓價的行為產生了約束作用，從而克服了一些搭便車的問題。

　　溫州商會行會尤其在國際貿易領域開展了有效的集體行動。2003 年溫州出口歐洲的打火機遭到反傾銷指控，而按照國際慣例，應訴反傾銷必須是民間行為，不能由政府出面。但各家企業無力獨自應對，即使單家企業打贏官司，其成效也是有限，也不能惠及全行業。面對這一兩難境地，溫州打火機協會出面，在有關法律和應對反傾銷專家的指導下積極應對，最後做出了共同集資、共聘律師、聯合應訴的決策。在資金籌措上，協會會長、副會長、理事等帶頭無償捐資。在他們的影響下，全行業有 16 家龍頭企業一夜之間認資 200 多萬元，聘請國際上精通 WTO 事務的律師代理應訴，最後贏得了這場官司，保住了溫州打火機行業 15 萬個就業崗位。溫州打火機協會的中介作用和這些創舉，有效地解決了應對反傾銷過程中政府與企業之間的「真空」問題，開了中國應訴國際反傾銷的先河。由協會出面應對反傾銷，對中國企業特別是量大面廣的民營企業、中小企業來說，提供了有益的借鑒〔註 11〕。

（四）異地商會

　　最近十多年來，溫州商人在全國各大中城市組建了上百家溫州異地商會，目前歐盟、美國、阿根廷等地也建立了溫州商會。由於某些地區保護主義和排外心態，在外的溫州企業不可避免地受到一些不公正待遇，甚至還會受到當地政府的刁難。面對這種情況，異地經商的溫州商人開始聯合起來成立商會組織，集體向當地政府反映訴求，從而溝通協調與當地政府和社會的關係以維護商人的合法權益。1995 年成立的昆明溫州總商會是溫州的第一家異地商會，也是新中國成立後第一個合法登記的異地民間商會。當時的社團

〔註 10〕吳鋒旭，溫州是如何從「假貨源頭」邁向「質量立市」的？人民網，2014 年 01 月 09 日，http：//wz.people.com.cn/n/2014/0109/c139022-20346528.html
〔註 11〕張和平，中國打火機打贏歐盟反傾銷第一案啟示錄，新華網，2003 年 10 月 29 日，http：//news.xinhuanet.com/focus/2003-10/29/content_1147137.htm

登記管理條例並不鼓勵異地商會、同鄉會等民間組織，有關部門擔心會成爲地方性幫派。最後經過一年多的努力才得以成立。溫州異地商會成立以後，積極與當地的工商、稅務等部門溝通合作，幫助會員解決民事和經濟糾紛，制訂企業章程等等。通過民間商會這一平臺，實現了商人之間信息和資源的共享（陳剩勇和馬斌，2007）。

　　當然，溫州模式很大程度上是一種建立在血緣、親緣和鄉緣關係之上的經濟發展模式，溫州商會組織也建立起了一張遍佈全國各地乃至國外的關係網。這種關係網絡有著相當的封閉性，內部建立起的是特殊的信任。因此，從嚴格意義上說，異地商會依然還是一個帶有濃厚傳統「圈子」意識的封閉性的地方社團（陳剩勇和馬斌，2007），這一點與明清時期的異地會館有著很大的相似性。

第五節　小　結

　　本章對經濟改革以來現代家族企業發展的制度環境和歷史進程進行了梳理，對處於轉型時期的商人社會資本的演變趨勢、企業家個體層面的社會資本進行了總結，重點對企業家的政治關聯進行了描述和分析，最後對企業家集體層面的社會資本，主要是商會和行業協會的情況進行了分析和總結。儘管社會體制發生了劇變，但與明清家族商人類似的，新生的家族企業也成長於不完善的制度環境之中，爲彌補正式制度的不足，企業主仍然會充分運用基於血緣、地緣、友緣等各種社會資本，尤其是對政治關係的運用。這也體現出了對歷史傳統的路徑依賴。就現代商人商會、行業協會來看，儘管也在一定程度上成爲集體行動的載體，但因歷史環境的變化，這些商人團體所發揮的作用遠沒有明清時期商人會館那麼明顯。在很大程度上，這些商人團體成爲了企業家政治參與的紐帶。

第七章　制度環境與個體層面的社會資本：現代企業家個人社會資本的實證研究

　　前幾章從一個歷史的、動態的視角對家族企業成長的制度環境、家族商人個體層面的社會資本進行了較爲全面系統的梳理和規範分析。從中可以看出，隨著企業成長的制度環境的完善，以及家族企業本身成長階段的不同，企業家個人層面所運用的社會資本是會有所變化的，大致會沿著「血緣、地緣或友緣→業緣／市場型或公民型」的路徑演變。這一規律是否可以從實證的角度得以驗證呢？由於現代企業數據的可獲取性，本章選取了家族企業的實際控制人的個人社會資本對個體層面的社會資本進行實證分析。

　　如第六章所述，自改革開放，尤其是上世紀 90 年代以來，我國的經濟改革取得了顯著的成果，制度環境不斷得以改善。尤其是隨著市場體制改革的深入，對非公有制經濟的市場准入越來越寬鬆。「讓市場在資源配置中起決定性作用」、「放寬（非公有制經濟的）市場准入」〔註1〕已經成爲我國深化市場改革的重要經濟政策，這意味著不同類型的企業面臨著越來越公平的市場競爭環境。在這種背景下，家族企業是否會減弱對基於特殊信任的社會資本的

〔註1〕2013 年 11 月 12 日十八屆三中全會通過《中共中央關於全面深化改革若干重大問題的決定》，決議中指出，「經濟體制改革是全面深化改革的重點，核心問題是處理好政府與市場的關係，使市場在資源配置中起決定性作用和更好發揮政府作用。」「放寬市場准入，允許非公有資本進入法律法規未禁入的基礎設施、公用事業及其他行業和領域。非公有制企業在投融資、稅收、土地使用和對外貿易等方面，與其他企業享受同等待遇。」

運用，反而會更多地訴諸於市場力量？企業對社會資本的策略改變最終又會對企業價值產生怎樣的影響？

　　基於以上問題，本章主要對制度環境的變化導致的商人社會資本選擇策略變化進行實證分析。由於社會資本的複雜性，其測度一直是這一領域研究的難題。因而本章僅對基於不同信任類型並對家族企業發展至關重要的幾種類型社會資本進行探討。依據第三章對個體層面的社會資本的劃分：一類是基於特殊信任、能夠帶來一定政治利益或市場特權的權力性社會資本，這類社會資本可能是基於親緣、地緣或友緣；一類是基於相對普遍的信任、與市場關聯性較強的市場性社會資本，這類社會資本主要是基於業緣的市場型社會關係。一個基本的假設是：在制度環境較差的地區，企業在獲得融資渠道、投資機會等方面更加依賴於政治性、特權性關係；但是，當制度環境變好，市場競爭性增強，獲得了更加公平的競爭機會的情況下，企業未必願意花費鉅額成本追逐這類社會資本；在有選擇的情況下，企業可能更多地尋求市場性力量，按市場導向的規則謀求更多的發展機會。在此假設下，本章利用上市家族企業數據分析了制度環境差異對民營企業社會資本選擇策略的變化，以及這種差異性選擇對企業價值所帶來的不同影響。

第一節　理論分析與研究假設

一、制度環境差異與企業家社會資本

　　作為社會單元，企業的經營與存續是嵌入在特定的社會環境之中的，其行為必然受到外部環境潛移默化的影響（Granovatter，1985）。社會資本的概念與非正式制度緊密相關，非正式制度本身就是重要的，而並非只是簡單地作為正式規則的附庸，正式和非正式約束都有降低人類互動成本的作用（North，1990）。在缺乏正式制度性支持（institutional supports）的情況下，管理者通常會通過其社會關係尋求非正式的制度性支持，以降低其企業的運行風險和交易成本（Xin & Pearce，1996）。正如 Fukuyama（1999）指出的那樣，降低交易成本其實是社會資本的經濟功能之一。正是在這些思想基礎上，正式制度與社會資本的關係越來越受到學術界的重視。我國正處於制度轉型的重要時期，傳統文化習慣和轉型時期的制度環境，都會使得中國企業更傾向於建立基於管理者個人信任的「人脈」關係網，這些關係網絡有利於資源

的獲取和得到政府支持（Peng & Luo，2000）。由於我國現代家族企業發展的時間並不長，上市家族企業的歷史則更為短暫，我們很難從制度環境的縱向變化中獲取長期數據。但是，我國地方政府的分權式治理模式使得地方政府之間存在著經濟上的競爭關係，政府雖然對企業有著很強的干預，但在提高企業績效上只能依靠對制度環境的改善來激勵企業，企業間的市場競爭反映在政府層面則成為了制度間的競爭（Tan et al，2007）。加之區域經濟發展程度不平衡，不同地域和省份的制度環境有著顯著的差異，我們也常常用某一地區落後於另一地區多少年來形容經濟發展狀況的差異。這種地區間的橫向差異在很大程度上可以反映制度環境由差至好的變遷過程。

如前章分析，在制度環境尚不完善時期，作為私營性質的家族企業在資源獲取途徑上處於劣勢地位，因而家族企業實際控制人更傾向於利用自身的社會網絡關係、地位、聲譽和影響。尤其在新興經濟體中，制度越不完善，企業家們越傾向於利用自己的社會資本（Zhou et al，2008；姜翰，2009；Danis，Chiaburu　& Lyles，2010；Ismail et al，2012）。基於以上分析，提出以下假設：

假設1：制度環境相對較差的情況下，家族企業實際控制人整體上對社會資本的訴求更強烈。

二、制度環境差異與企業家異質性社會資本

社會資本是嵌入在不同的社會結構當中的，因而社會關係、社會地位和社會聲譽是衡量社會資本的三個重要維度（邊燕傑和丘海雄，2000；孫俊華和陳傳明，2009；游家興和劉淳，2011）。其中的社會關係主要包括政治關係、金融關係、同學關係以及與其他企業的關係；社會地位可以用專業地位、政治身份、經濟身份和社會身份四個維度來衡量；社會聲譽則由企業家獲得的各種嘉獎、榮譽來衡量，這幾個維度可以較為全方位地衡量個人的社會資本。然而在進行這種分割之後，可以發現社會資本的這些不同維度存在著異質性，有些類型的社會資本有利於直接或間接獲得特殊的市場權力，具有較強的目的性，並且很大程度上需要連續性地付出成本來維持；而有些社會資本類型則體現出公平的市場原則，是建立在普遍的社會信任基礎之上的。其中，政治地位、政治關係、社會地位、經濟身份、社會身份、社會聲譽等是非市場性的，能夠在制度相對不完善的情況下為企業家獲得一些市場權力甚至特權提供一定便利，這裡稱之為權力性社會資本；金融關係、同學關係、

企業關係等則無論在制度環境好壞的情況下都是一種重要資源，尤其是金融關係，企業在成長過程中對於資本一直會有較強的需求，因而將它們歸類爲一般的市場性社會資本。企業對這兩種異質性社會資本的訴求在不同制度環境下是否有所差異？基於這些分析，提出假設 2：

假設 2：制度環境相對較差的情況下，家族企業更多的依賴於權力性社會資本，比如政治地位；制度環境較好的情況下，企業對權力性社會資本的依賴降低，訴諸於市場性社會資本的傾向性增強。

三、制度環境差異、異質性社會資本與企業價值

顯然，企業家個人的社會資本可以直接影響企業稀缺資源的獲取，尤其是作爲特殊社會關係的政治關聯，會直接給民營企業融資帶來便利或者直接降低進入壟斷行業的壁壘（胡旭陽，2006；余明桂和潘紅波，2008；羅黨論和劉曉龍，2009）。但社會資本的運用是否會對企業績效產生影響？自 Peng & Luo（2000），邊燕傑和丘海雄（2000）較早開始關注中國企業社會資本的功效，近年來，陸續有學者開始對企業組織的社會資本（石軍偉，胡立君和付海豔，2007）或高管的社會資本（陳愛娟，常花和王小翠，2010）與企業績效的關係進行探討。總的來說，這些研究都認爲社會資本從一定程度上可以提高企業的績效。Stam，Arzlanian & Elfring（2013）在對不同國家的 61 篇實證研究的 13263 個樣本進行綜合分析（Meta-analysis）後，也得出社會資本總體上明顯並正面地影響到企業的績效。

儘管多數研究證明在制度轉型時期社會資本對企業資源獲取和企業績效起到積極作用，尤其是非市場性的政治聯繫，但在正式制度不斷完善的情況下，這些特殊關係卻不一定還能發揮類似的正向作用，並且社會資本的積累本身也是需要成本的（李永強等，2012），甚至這些社會資源的維持還會引起尋租問題。因而，進一步論證在不同制度環境下，異質性社會資本對企業績效是否有不同影響有其必要性。賀遠瓊等人（2008）的研究發現，社會資本對企業績效的影響會隨環境的不確定性的提高而增強。爲探究不同制度環境下社會資本與企業績效的關係，本研究選用衡量企業價值的托賓 Q 值來衡量家族上市公司的企業績效。托賓 Q 是評價企業績效的重要指標，李新春等人（2008）認爲資產回報率（ROA）和淨資產收益率（ROE）等指標由於受到會計包裝、盈餘管理以及股市欠成熟的影響，會導致數據失眞較嚴重，以其作爲績效指標尚需愼重，因而在中國用托賓 Q 值作爲企業績效衡量的指標比

較合理。因而基於這些分析，我們提出假設 3：

假設 3：制度環境相對較差的情況下，權力性社會資本對家族上市公司企業價值的影響要高於市場性社會資本的影響，但隨著制度環境的改善，權力性社會資本的影響會減弱，市場性社會資本的影響則會增強。

第二節　研究設計

一、樣本選擇與數據來源

本章的具體研究對象是我國 2008～2012 年 329 家上市家族企業。對上市家族企業的界定參照了賀小剛和連燕玲（2009），王明琳等（2014）的判斷標準：（1）最終控制人追溯到自然人或家族，且控制權≥15%；（2）最終控制人直接或間接持有的公司且必須是被投資上市公司第一大股東；（3）至少有 2 位以上具有親緣關係的家族成員持股或擔任上市公司高管。這種界定是一種較為嚴格的上市家族企業標準。企業的基本信息和財務指標等來源於 CMSAR 上市公司研究系列數據庫。對評價家族企業實際控制人社會資本的各項指標均為逐條搜索整理，主要來源於對新浪財經網站高管個人履歷和公司年度報告的查詢，信息缺失的則運用 google 和百度兩個搜索引擎的搜索進行了補充。在進行數據採集排查後，共得到 1396 個觀測值。本研究的制度環境指標數據來源於王小魯、余靜文和樊綱（2013）的「企業經營環境指數 2013 年報告」，這些數據是在市場化指數基礎上專門針對企業經營環境的進一步細化研究所得，因此更加適用於企業研究。

二、變量定義與模型設計

1. 變量定義

本研究主要關注上市家族企業實際控制人的社會資本和企業經營的制度環境兩類變量。其中社會關係指標由政治關係、金融關係、同學關係以及企業關係來衡量；社會地位從專業地位、政治身份、經濟身份和社會身份四個維度來衡量；社會聲譽則由企業家獲得的市級及以上的名譽稱號或嘉獎來衡量。具體指標界定和賦值情況見表 7.1。

制度環境變量主要選取了「企業經營環境指數 2013 年報告」當中影響企業經營的最為顯著的三項指標：政府行政管理、企業經營的法制環境和金融

服務情況。這些指標基本上涵蓋了企業所處的制度環境中的最重要的幾個因素。

　　本研究用 TobinQ 值來衡量企業價值，主要選取了 CMSAR 上市公司研究數據庫的 TobinQA 和 TobinQB 兩個指標，TobinQB 用於穩健性檢驗。其計算公式爲：TobinQA=市場價值 A／期末總資產；TobinQB=市場價值 A／（資產總額－無形資產淨值）。

表 7.1　社會資本和制度環境評價指標

			界　　定	賦值說明／處理說明
社會資本	社會關係	政治關係（Polinw）	是否曾在政府部門任職	是賦值 1，否 0
		金融關係（Finanw）	是否曾在或仍在銀行、證券、基金等行業任職	是賦值 1，否 0
		同學關係（Edunw）	學歷，分大專以下、專本、碩博三檔	分別賦以 1、2、3
		企業關係（Worknw）	是否曾在其他企業任職	是賦值 1，否 0
	社會地位	專業地位（Profst）	是否有工程師、經濟師、研究員等專業職稱	是賦值 1，否 0
		政治身份（Polist）	是否市級及以上人大代表或政協委員	是賦值 1，否 0
		經濟身份（Econst）	是否在商業、行業協會任領導職務	是賦值 1，否 0
		社會身份（Socist）	是否在校友會、同鄉會、文體等社團任職	是賦值 1，否 0
	社會聲譽（Repu）		是否獲得市級及以上榮譽稱號、嘉獎、表彰	是賦值 1，否 0
	社會資本總指數（SC）		度量社會資本量的多少	主成分分析法獲得
	社會資本總指數虛擬變量（SC_dum）		根據社會資本總指數的中值分類	當社會資本總指數大於中值時，SC_dum 爲 1；否則爲 0
	社會關係指數（SN）		度量社會關係的多少	主成分分析法獲得
制度環境	制度環境指數（EnvirIndex）		各省份企業經營環境指數總體評分	見「企業經營環境指數 2013 年報告」
	制度環境新指數（EnvirIndex_new）		度量制度環境變量構造的新指數	根據 Ordered logistic model 構建

	制度環境虛擬變量（EI_dum）	以制度環境指數的中值劃分	當制度環境指數小於等於中值時，EI_dum 為1；否則為 0
	政府行政管理（Governm）	政府的公開、公平、公正程度，行政效率、干預程度，以及廉潔程度	見「企業經營環境指數2013 年報告」
	法律環境（Law）	執法的公正和效率以及經營者權益的保護水平	見「企業經營環境指數2013 年報告」
	金融環境（Finalsv）	正規金融服務和民間融資服務水平	見「企業經營環境指數2013 年報告」
因變量	TobinQA	TobinQA=市場價值 A／期末總資產	上下各 winsorize 1%
	TobinQB	TobinQB=市場價值 A／（資產總額-無形資產淨值）	上下各 winsorize 1%
控制變量	企業總資產（Asset）	企業資產負債表中披露的資產合計	上下各 winsorize1%，並取自然對數
	財務槓杆（Lev）	企業資產負債率	上下各 winsorize 1%
	獨董比例（Directr）	企業中獨立董事占董事會成員的比例	上下各 winsorize 1%
	實際控制人性別（Sex）	實際控制人的自然性別	男賦值 1，女賦值 0
	實際控制人年齡（Age）	實際控制人在 2012 年的年齡	

控制變量主要包括：（1）企業總資產（Asset），對總資產取對數後來衡量企業規模；（2）財務槓杆（Lev），用企業的資產負債率進行衡量；（3）獨董比例（Directr），用董事會中獨立董事人數與董事會人數之比來衡量；（4）實際控制人性別（Sex），作為虛擬變量；（5）實際控制人年齡（Age），用 2012年實際控制人的年齡來衡量。

為避免極端值對實證結果的影響，對企業大小（LogAsset）、TobinQA、TobinQB、財務槓杆（Lev）、獨立董事的比例（Directr）等觀測值上下各 winsorize 1%。

2. 制度環境指數及社會資本指數的構建

為了更好地度量制度環境水平，本研究在王小魯，余靜文和樊綱（2013）給出的行政管理指數、法律環境指數、金融環境指數基礎上，借鑒 Kaplan & Zingales（1997）構造公司融資約束指數的有序邏輯模型（ordered logistic model）的思路，構建了新的制度環境指數 EnvirIndex_new〔註 2〕。這種方法可以有效解決不同變量之間可比性的問題，被廣泛應用於金融研究領域（Lamont，2001；Baker，Jeremy & Wurgler，2003；Almeida，Murillo & Weisbach，2004；李科和徐龍炳，2011）。EnvirIndex_new 具體構建方法為：首先以其中值為分界線，將政府行政管理環境指數（EI_1）、法律環境指數（EI_2）及金融環境指數（EI_3）分為高低兩類。例如，如果行政管理環境指數高於其中值，$EI_1=1$，否則 $EI_1=0$；另兩個指數處理方法相同。然後，計算 $EI=EI_1+EI_2+EI_3$。隨後，使用有序邏輯模型對公司治理指數、法律環境指數和金融環境指數進行回歸，估計出各個指標的係數，見表 7.2。最後，通過估計的係數構建各個企業的 EnvirIndex_new 指數：

EnvirIndex_new=3.429×行政管理指數+20.466×法律環境指數+13.903×金融環境指數

EnvirIndex_new 絕對值大小並無經濟含義，只有其相對值大小具有經濟含義。在計算出每個企業制度環境指數後，將所有樣本按照 EnvirIndex_new 排序，然後按照中值將制度環境劃分為兩種水平：當 EnvirIndex_new 小於等於中值時，其制度環境相對較差；當 EnvirIndex_new 大於中值時，則其制度環境相對較好。根據表 7.2，法律環境指數的回歸係數要顯著地高於其他兩個環境變量指數的係數，這表明對於我們構造的制度環境指數來說，法律環境指數對其影響更大。這與大多數的研究文獻結論是一致的，法律環境的好壞更能直接地體現制度環境的好壞，是衡量制度環境的最重要指標。

表 7.2　Ordered logistic 模型構建 EI 指數

Variable	
行政管理指數（Governm）	3.429***
	（4.77）
法律環境指數（law）	20.466***
	（14.77）

金融環境指數（finalsv）	13.903***
	（18.92）
Pseudo R2	0.563
Number of Observations	1406

注：括號內為 t 值；***、**、* 分別表示在 1%、5%、10%的水平下顯著

　　本研究主要採用了主成分分析法構建了社會資本指數 SC 及分項指數
（社會關係指數 SN，社會地位指數 SS）。與制度環境指數類似，社會資本指
數的絕對值大小並無經濟含義，只有相對值大小具有經濟含義。在檢驗研究
假設 3 時，為區分社會資本的多與少，根據社會資本的中值將樣本分為兩組：
社會資本多和社會資本少。在回歸模型中，按照社會資本指數進行排序，指
數越大說明社會資本越豐富。然後，按照社會資本指數中值將公司分為社會
資本多的公司（高 SC 指數）和社會資本低的公司（低 SC 指數）。

3. 模型設計

　　為檢驗研究假設 1，根據前面的理論分析將樣本分為兩組：制度環境好
和制度環境差，進而比較了制度環境好的樣本與制度環境差的樣本的社會資
本之間的差別。在這一檢驗中，本研究主要採用了 t 檢驗兩組樣本社會資本
均值差別的方法來進行驗證。對於樣本的分類，本研究首先根據新構造的
Envirindex_new 進行分組，並以王小魯，余靜文和樊綱（2013）構造的
EnvirIndex 分組進行穩健性檢驗。對於社會資本的度量，除度量其總指數外，
也分別度量了社會關係、社會地位和社會聲譽等分類社會資本指數。

　　為驗證研究假設 2，根據前述理論分析，本研究採用了 Probit 模型估計
制度環境不同的情況下企業尋求不同社會資本的傾向性之間的差別：

$$\text{Probit}（社會資本代理變量＝1）＝\alpha+\beta \text{EI\_dum}+\varepsilon \qquad （1）$$

　　其中，因變量是社會資本的各個代理變量（edunw、finanw、polinw、
worknw、profst、polist、econst、socist、repu）；為制度環境好壞的虛擬變量，
當制度環境指數 EnvirIndex_new 小於等於中值時為 1，否則為 0。

　　為驗證研究假設 3，本研究在實證回歸模型中，分別引入了制度環境分別
與權力性社會資本和市場性社會資本的交乘變量，並同時控制企業特徵對企
業價值的影響。回歸模型如下：

$$\text{TobinQ}＝\alpha+\beta_1\text{PP\_dum}+\beta_2\text{EI\_dum}+\beta_3\text{EI\_dum*PP\_dum}+$$
$$\beta_4\text{Age}+\beta_5\text{Sex}+\beta_6\text{LogAsset}+\beta_7\text{Lev}+\beta_8\text{DirectR}+\varepsilon \qquad （2）$$

$$TobinQ = \alpha + \beta_1 MP\_dum + \beta_2 EI\_dum + \beta_3 EI\_dum * MP\_dum +$$
$$\beta_4 Age + \beta_5 Sex + \beta_6 LogAsset + \beta_7 Lev + \beta_8 DirectR + \varepsilon \qquad （3）$$

其中，企業價值代理變量 *TobinQ* 是因變量；爲企業權力性社會資本虛擬變量，當權力性社會資本指數大於中值時爲 1，否則爲 0；類似的，MP_dum 爲企業市場性社會資本虛擬變量，當市場性社會資本指數大於中値時爲 1，否則爲 0；EI_dum*PP_dum、EI_dum*MP_dum 分別爲制度環境虛擬變量與權力性社會資本虛擬變量和市場性社會資本的交乘項，當 EI_dum、PP_d 都爲 1 時，EI_dum*PP_dum 等於 1，否則爲 0；當 EI_dum、MP_dum 都爲 1 時，EI_dum*MP_dum 等於 1，否則爲 0。在研究假設 3 中，EI_dum*PP_dum、EI_dum*MP_dum 的係數 β_3 是本研究關心的。

第三節　實證分析與結果討論

一、描述性統計與數據處理

定義變量的描述性統計見表 7.3。從表中可以看出，不同地區制度環境的總體指數以及分項的政府行政管理、法律環境和金融服務環境都存在著明顯的差異。其中東部地區的制度環境明顯要好於中西部。企業價值代理變量，ToinqQA、TobinQB 從均值及方差來看差別不大，因此使用任何一個對本研究的研究結論不會造成太大的影響。制度環境變量 EnvirIndex，平均値爲 3.122，最小値是 2.910，最大値是 3.340，標準差只有 0.096，這意味著在這種度量方法下，企業之間制度環境從數值上差別很小。本研究構造的新的制度環境變量數值在 104.081 到 133.104 之間，標準差爲 4.480，企業之間制度環境差別從數值上更加明顯。社會資本總指數最小値爲 -2.075，最大値爲 1.623；社會關係指數最小値爲 -2.735，最大値爲 2.776。

表 7.3　變量描述性統計

Variable	Obs	Mean	Std.Dev.	Min	Max
TobinQ A	1396	1.795	1.032	0.552	6.667
TobinQ B	1396	1.898	1.134	0.570	7.044
EnvirIndex	1413	3.122	0.096	2.910	3.340
EnvirIndex_new	1406	119.813	4.480	104.081	133.104

Governm	1421	3.266	0.120	2.830	3.980
Law	1421	3.226	0.103	2.730	3.630
Finalsv	1406	3.058	0.193	2.480	3.450
Polinw	1426	0.192	0.394	0	1
Finanw	1426	0.104	0.306	0	1
Edunw	1426	2.222	0.705	1	3
Worknw	1426	0.900	0.300	0	1
Profst	1422	0.574	0.495	0	1
Polist	1426	0.669	0.471	0	1
Econst	1426	0.565	0.496	0	1
Socist	1426	0.450	0.498	0	1
Repu	1426	0.652	0.476	0	1
SC	1422	0	1.000	-2.075	1.623
SN	1426	0	1.000	-2.735	2.776
SS	1422	0	1.000	-1.638	1.258
Instev	1426	0.788	0.409	0	1
Sex	1426	0.950	0.218	0	1
Age	1426	52.42	9.205	22	82
LogAsset	1426	21.38	0.907	19.43	24.16
Lev	1426	0.407	0.202	0.0298	0.898
DirectR	1426	0.369	0.0470	0.333	0.500

注：除制度變量和虛擬變量外，其他變量上下各 winsorize 1%。

　　表 7.4 給出了各種社會資本之間的相關關係，從相關係數可以看出，無論是社會關係、社會地位還是社會聲譽，各種社會資本之間具有很強的相關性。例如，政治關係（Polinw）與政治地位（Polist）、經濟地位（Econst）、社會身份（Socist）、社會聲譽（Repu）具有很強的正相關關係。這意味著，在獲得一定的政治關係的同時，企業家也同時獲得了一定的政治身份和社會地位，在經濟活動、社會活動、社會榮譽方面都會有一定的關聯性。這一結果與現實生活也是相符的，政治身份、經濟身份、社會身份、社會榮譽等往往是政治關係的附屬品。金融關係（Finanw）與政治關係相關性並不明顯，但是與

經濟身份、社會身份等社會地位存在一定的負相關性。金融關係更多代表了市場性主導性的力量。在制度環境好的情況下，企業家謀求金融關係，可能會放鬆對於政治關係的依賴性，因此降低了對政治身份、經濟身份、社會榮譽等與經濟效益無直接關聯性的社會資本的追逐。

表 7.4　社會資本相關係數

	Polinw	Finanw	Edunw	Worknw	Profst	Polist	Econst	Socist	Repu
Polinw	1								
Finanw	0.020	1							
Edunw	0.071***	0.052**	1						
Worknw	0.015	0.038	0.076***	1					
Profst	0.050*	-0.063**	0.081***	0.114***	1				
Polist	0.196***	-0.023	0.127***	0.088***	0.193***	1			
Econst	0.2160***	-0.089***	0.114***	0.004	0.1***	0.438***	1		
Socist	0.142***	-0.042	0.111***	-0.026	0.065**	0.274***	0.453***	1	
Repu	0.072***	-0.054**	0.131***	0.07***	0.288***	0.506***	0.313***	0.229***	1

注：***，**和* 分別表示 1%，5%及 10%的水平下顯著

二、實證結果與分析

（一）制度環境差異與家族企業實際控制人社會資本

表 7.5 給出了不同制度環境下家族企業實際控制人的社會資本在量上的差別。其中「總樣本」一列給出了所有樣本的總體結果，後面各列則按照年份分別進行了分析。從總體樣本上看，制度環境相對較差的企業的社會資本指數平均為 0.147，而制度環境好的企業的社會資本指數平均為-0.147，兩者相差 0.294，並且在 1%的水平上是顯著的。這表明，制度環境相對較差的企業家的社會資本量比制度環境好的企業家的社會資本量總體上顯著是要高的。這與本研究的研究假設 1 的推測一致。按照年份重新檢驗研究假設 1，也得到了類似的結論。雖然每年兩組樣本結果略有差異，但是結果與總體樣本都是保持一致的，並且都在 5%或 1%的水平上是顯著的。這個檢驗結果較好地支持了研究假設 1。

表 7.5　不同制度環境下家族企業社會資本的差異

社會資本	總樣本	2008 年	2009 年	2010 年	2011 年	2012 年
制度環境差 EnvirIndex_new ≦ Median	0.147	0.207	0.192	0.113	0.156	0.103
制度環境好 EnvirIndex_new〉Median	-0.147	-0.098	-0.119	-0.121	-0.159	-0.229
差值	0.294*** (5.59)	0.305** (2.07)	0.312** (2.40)	0.234** (2.11)	0.315*** (2.911)	0.332*** (2.98)

注：*、**、***分別代表 10%、5%、1%的顯著水平；括號中為 t 值。

（二）制度環境差異與異質性社會資本

　　為檢驗假設 2，本研究分別檢驗了制度環境差異與不同的社會資本之間的關係。表 6 給出了這一檢驗結果。其中，Panel A 中每個變量對應的第 1 行數字給出了模型（1）中制度環境虛擬變量 EI_dum 的估計係數，相應第 2 行括號內的數字給出了估計係數的 t 值。表 7.6 結果表明，金融關係（finanw）的回歸係數為-0.508，且在 1%水平上是顯著的。這意味著，相比於制度環境差的企業，制度環境好的企業尋求金融關係的概率增加了 50.8%。政治關係（polinw）回歸係數雖然也為負值，但是並不顯著。這說明，制度環境變好，企業對於政治關係的依賴性並沒有顯著變化。政治身份（prolist）、經濟身份（econst）、社會身份（socist）及社會榮譽（repu）等回歸係數都顯著為正。這表明，當制度環境變好時，企業家尋求與企業效益並無直接關係的身份性的或榮譽性的社會資本的傾向性大大降低。例如，社會聲譽的回歸係數為 0.710，並在 1%的水平上是顯著的。這意味著，隨著制度環境的改善，家族企業實際控制人尋求各種社會聲譽的概率降低了 71%。這可能是由於在制度環境較差的情況下，特別是法律環境沒有保證的情況下，企業家需要通過獲得各種社會身份和社會聲譽來擴大影響力，從而為企業經營謀求更多的發展渠道；但是當制度環境變好、法律環境有保證的條件下，企業可以通過市場力量（如金融關係）拓展發展渠道，而花費精力和一定成本去獲得社會聲譽或者社會身份則不再有效益。

爲了進一步檢驗結果的穩健性，研究以制度環境指數（EnvirIndex）重新劃分制度環境的好壞，即當制度環境指數小於等於其中值時，企業制度環境是相對較差的，這時制度環境代理變量 EI_dum 爲 1；當制度環境指數大於其中值時，企業制度環境相對較好，這時 EI_dum 爲 0。表 6 panel B 給出了相應的檢驗結果。Panel B 的結果與 Panel A 的結果基本是一致的。因此，制度環境指數的選擇不能從根本上影響本研究的結論。綜上所述，表 7.6 的結果基本驗證了本研究的研究假設 2。

表 7.6　制度環境差異與社會資本異質性

社會資本	Panel A EI-dum	Panel B EI-dum
edunw	-0.054 （-0.54）	0.044 （-0.45）
finanw	-0.508*** （-2.87）	-0.677*** （-3.76）
polinw	-0.043 （-0.32）	0.019 （-0.14）
profst	0.591*** （-5.45）	0.677*** （-6.22）
worknw	0.495*** （-2.75）	0.772*** （-4.16）
polist	0.480*** （-4.23）	0.340*** （-3.44）
econst	0.216** （-2.01）	0.219** （-2.05）
socist	0.262** （-2.46）	0.099 （-0.93）
repu	0.710*** （-6.26）	0.494*** （-4.4）

注：*、**、*** 分別代表 10%、5%、1%的顯著水平；括號中爲 t 值。

（三）制度環境差異、社會資本與企業價值

爲檢驗不同制度環境下，權力性社會資本與市場性社會資本對企業價值是否會產生的不同影響，表 7.7 給出了研究假設 3 模型 2）及模型 3）的檢驗

結果。其中第 2 列給出了不同制度環境下權力性社會資本對企業價值 TobinQA 的影響。根據前面的理論分析，在這一回歸結果中，研究主要關心交乘項 EI_dum*PP_dum 的係數。EI_dum*PP_dum 的估計係數為 23.462，並在 5%的水平上是顯著的。表 7.7 第 5 列則給出了市場性社會資本對企業價值 TobinQA 的影響。EI_dum*MP_dum 的回歸係數是 18.733，並在 10%的水平上是顯著的。這意味著，相比於制度環境好的情況，制度環境相對差的情況下，權力性的社會資本對企業價值的影響會更大，而市場性社會資本對企業價值的影響則相對要低；相反，當制度環境變好時，權力性社會資本對企業價值的影響力會顯著降低，而市場性社會資本對企業價值的影響則相對增強。表 7.7 中，本研究還以 TobinQB 作爲企業價值的代理變量進行了穩健性檢驗，檢驗結果與使用 TobinQA 作爲代理變量的結果保持一致。因而這一結果充分驗證了本研究的研究假設 3。

表 7.7 異質性社會資本在不同制度環境下對企業價值的影響

權力性社會資本			市場性社會資本		
	TobinQA	TobinQB		TobinQA	TobinQB
PP_dum	-10.192	-13.524	MP_dum	-6.047	-10.445
	（-1.33）	（-1.60）		（-0.77）	（-1.21）
EI_dum	2.372	-0.284	EI_dum	6.262	6.258
	（0.31）	（-0.03）		（0.88）	（0.80）
EI_dum*PP_dum	23.462**	32.663***	EI_dum*MP_dum	18.733*	23.572*
	（2.18）	（2.77）		（1.69）	（1.94）
Age	-0.511*	-0.789**	Age	-0.426	-0.713**
	（-1.74）	（-2.44）		（-1.40）	（-2.14）
SEX	-16.673	-12.648	Sex	-15.028	-10.970
	（-1.35）	（-0.94）		（-1.22）	（-0.81）
LogAsset	-25.485***	-29.566***	LogAsset	-25.381***	-29.401***
	（-7.92）	（-8.38）		（-7.99）	（-8.44）
Lev	-12.828	-3.515	Lev	-16.403	-7.228
	（-0.90）	（-0.22）		（-1.14）	（-0.46）
DirectR	-11.502	-40.679	DirectR	-13.474	-44.173
	（-0.20）	（-0.64）		（-0.23）	（-0.69）

Observations	1，396	1，396		Observations	1，396	1，396
R-squared	0.07	0.07		R-squared	0.07	0.07
Intercept	Yes	Yes		Intercept	Yes	Yes
adj R-squared	0.0636	0.0679		adj R-squared	0.0625	0.0652

注：*、**、*** 分別代表 10%、5%、1% 的顯著水平；括號中為 t 值。

第四節　小　結

　　本章以我國上市家族企業為例，對不同制度環境下家族企業實際控制人的社會資本訴求進行了分析，並對不同制度環境下異質性社會資本對家族上市公司企業價值的影響進行了探討。研究結論驗證了企業家對社會資本的運用會隨制度環境的變化有所改變的判斷。研究發現：一，制度環境的差異會在整體上影響家族企業對社會資本的依賴。在制度環境相對較差的情況下，總體上企業家會追求更多社會資本，這在一定程度上補充了制度環境的不完善；二，在對社會資本進行分類研究後發現，在制度環境相對比較差的情況下，企業家會運用更多權力性社會資本，比如政治地位，社會地位等等，這些社會資本會直接或間接地給企業家帶來一些資源；而隨著制度環境的不斷完善，企業家則傾向於更多利用市場性社會資本，如金融關係；三，進一步地，制度環境的好壞還會對這兩種異質性社會資本與企業價值的關係產生不同影響。在制度環境相對差的情況下，權力性社會資本對企業價值的影響更大，相比之下，隨著制度環境的改善，權力社會資本對企業價值的影響會降低，這可能與社會資本尤其是權力性社會資本需要付出一定成本來維持有關，而市場性社會資本的影響則會顯著增強。

第八章　結論與展望

一、研究結論和研究意義

（一）研究結論

　　隨著社會資本理論的深入發展，企業與社會資本的研究越來越受到經濟學領域的關注。正處於經濟社會轉型時期的中國，企業發展的制度環境也處於不斷地建立和完善之中，因而制度環境、家族企業與社會資本的關係是企業研究領域不可忽視的話題。本研究在對已有社會資本研究進行全面的文獻分析的前提下，就長歷史時段中家族企業所處的制度環境進行了詳實探討，進而對商人的社會資本進行了一系列分析，著重對商人集體層面和個體層面的社會資本分別進行了歷史制度分析和實證檢驗。本研究的主要結論如下：

　　1. 社會資本可以分為集體和個體兩個層面，團體或組織本身就是由人們組成的一種關係網絡，當中成員間共同的信任、規範、習慣和信仰等因素屬於集體層面的社會資本範疇；而個人從所嵌入的社會網絡中所獲得的關係、地位、榮譽等因素能夠給個人帶來資源效用，這屬於個體層面的社會資本範疇。在這種分層基礎上，社會資本的物品屬性得以界定，集體層面的社會資本具有公共物品屬性，而個體層面的社會資本則具有私人物品屬性。以不同信任基礎為依據，社會資本則可以劃分為基於特殊信任和基於普遍信任的社會資本，前者如血緣型、友緣型和地緣型社會資本，後者如業緣型、公民型或市場型社會資本。在此基礎上，根據其功效，上述基於特殊信任的社會資本更容易給商人帶來市場特權，而基於較為普遍信任的社會資本則更適應市場公平競爭。

2. 對商人集體層面的社會資本進行專門分析後發現，以明清時期的會館為例，在缺乏保護商人產權的正式制度的環境下，商人在集體層面的血緣、地緣性社會資本基礎上建立了會館，在社會資本作用下會館通過集體懲罰機制克服了搭便車，促成了對外的集體行動從而有效抵抗了外部風險，起到了代替正式制度保護商人利益的作用。但這種基於特殊信任的社會資本也有其封閉性，隨著制度環境的改善，商人集體層面的社會資本的業緣性或市場性則不斷增強。

3. 以制度轉型時期上市家族企業實際控制人的社會資本為例，對現代家族企業商人個體層面的社會資本進行實證分析後發現，在制度不完善的情況下，基於特殊信任的商人權力性社會資本會發揮更大的作用，但隨著制度環境的不斷改善，商人對權力性社會資本的運用減少，而對基於普遍信任的市場性社會資本的運用則相對增強。同時，權力性社會資本對企業價值的影響會相對減弱，而市場性社會資本的影響則相對增強。這在微觀層面和較短時期證實了制度環境的變化會影響不同類型社會資本所發揮的作用。

4. 從長時段的歷史進程中看，社會資本在家族企業發展過程中一直扮演著不可或缺的角色。但在不同歷史背景下，商人對不同層次社會資本需求的側重有所不同。由於保護商人的宏觀正式制度的缺乏，明清時期家族商人在集體層面的社會資本需求上比現代家族企業更為強烈，也更具研究的典型性。而現代社會保護產權的法律制度得以確立，現代家族企業對商人團體當中的集體社會資本的需求明顯降低。個體層面的社會資本一直在家族企業發展過程中扮演著重要角色，但現代商人對個體層面社會資本的運用則更具有典型性。

5. 無論在更長時段的歷史進程中，還是當代經濟轉型的短時期背景下，總體來說，商人的社會資本，尤其是基於特殊信任的社會資本，無論是集體層面還是個體層面，在制度環境不完善的情況下，對正式制度會有一定替代或補充作用，制度越是不完善，這種替代作用越明顯。隨著制度環境的改善和家族企業本身的成長，基於特殊信任的社會資本對企業的作用會相對降低，甚至還會帶來新的交易成本。而隨著制度環境的不斷完善和市場進程的深化，基於普遍信任的社會資本會發揮越來越重要的作用。

（二）研究意義

研究結果的現實意義在於，一方面為當代家族企業、民營企業的發展提

供了重要的啓示，另一方面具有重要的政策含義。這主要體現在以下幾個方面：

　　1. 企業家在社會資本上的投資本身也是企業發展戰略的一部分，研究結果表明，在制度環境相對差的情況下，基於特殊信任的、權力性的社會資本確實會給企業帶來許多便利，但隨著制度環境的不斷完善，以及企業本身制度的健全，前述類型的社會資本可能會變成一種負擔，企業應該適時調整發展戰略，將更多精力放在市場性社會資本和本身制度建設上。

　　2. 體現商人集體層面社會資本的商人團體對企業發展有重要的影響，現代家族企業通過參與現代商會、行業協會等團體可以獲得更多的市場資源，也可以通過社會團體維護企業的權益。但許多現代商人團體仍然具有較強的封閉性，商人參與更爲開放的社會團體則是市場經濟的題中之義。

　　3. 企業之所以運用更多非正式的治理途徑，根本的原因在於相應的制度不健全，企業不得不尋找特殊的替代性機制。但這種替代途徑如果是幫助企業獲得市場特權的社會資本時，不僅會增加企業的成本，還容易引起尋租腐敗等問題。因而從政策層面來講，首先，政府應該進一步建立和健全法律、金融等正式制度，並且對政策、制度進行有效地落實；其次，在企業相關社會團體的建設上，政府則應該減少行政干預，避免行業協會、商會僅成爲特殊性政治關聯的紐帶；最後，更深層的政策意義在於，政府應該減少對市場的干預，爲不同類型企業創造更爲公平的競爭環境，才能讓企業將更多精力放在提高企業市場競爭力上，而不是想方設法通過各種特殊途徑獲取資源。

二、研究局限和研究展望

　　社會資本是近幾年越來越受到重視的學術理論和研究範式，家族式的商人和企業也是經濟管理學領域極受關注的研究議題。本研究嘗試將這幾個重要的議題結合在一起，對不同制度環境下商人與社會資本的關係進行了探索性研究。但囿於個人的學術水平，研究尚有許多不足和有待改進之處。首先，由於大膽的歷史跨度和資料的難獲取性，本研究在史料的掌握和分析上只是淺嘗輒止，其中不乏引用史學研究領域前輩的二手資料，缺乏更爲深度的資料挖掘；其次，由於資料的難獲取性，本研究僅選取了明清集體層面和現代個體層面的商人社會資本爲例作爲研究重點，更爲全面和細緻的分析有待進一步研究。

　　由於本研究尚有許多局限，並且本研究所涉及領域本身仍有更爲廣闊的
發掘空間，以下研究展望既是筆者在做論文過程中發現的需要經濟學者關注
的議題，也是筆者在下一步研究中需要努力的方向：

　　1. 中國古代商人的社會資本研究，尤其是較爲近代的明清商人群體的社
會資本研究，仍然需要更爲準確和深入地把握，這就需要研究者具有跨學科
的學術背景。筆者在做文獻綜述過程中，深刻感受到中國歷史上的商人研究
鮮有經濟學者的身影，而西方學界運用現代經濟學理論對經濟歷史進行探索
的學者則大有人在。明清時期家族商號等經濟組織實際上有許多現代元素，
與社會資本的結合有許多值得研究之處。

　　2. 現代商人、企業的社會資本研究，對企業家社會資本更爲細緻和明晰
的劃分、更爲科學的測量是值得進一步深入發掘的問題。目前企業家社會資
本研究中，有相當數量的研究集中於對企業家政治關係的探討，對政治關聯
的測量已經有較爲細緻的研究成果出現，但對企業家整體社會資本更爲細緻
的測量和分析則仍值得期待。

　　3. 商人社會資本的比較研究是值得期待的研究議題。這既包括了不同類
型企業的比較，不同歷史制度背景下更爲細緻的比較，也包括不同國家、地
區或文化背景下的比較研究。通過比較研究，才能更爲全面地理解不同類型
企業、不同背景下企業社會資本的差異，從而使社會資本和企業相關研究水
平得以更大的提升。更重要的是，這對處於經濟轉型時期的中國企業發展具
有重要的理論和現實意義。

參考文獻

1. Acquaah, M. Social Networking Relationships, Firm-Specific Managerial Experience and Firm Performance in a Transition Economy: a Comparative Analysis of Family Owned and Nonfamily Firms[J], Strategic Management Journal, 2012, 33（10）: 1215~1228

2. Adler, P. S. & Kwon, S. Social Capital: Prospects for a New Concept [J], Academy of Management Review, 2002, 27（1）: 17~40

3. Ahlerup, P., Ola, O. & David, Y. Social Capital vs institutions in the Growth Process [J], European Journal of Political Economy, 2009, 25（1）: 1~14

4. Allen, F., Qian, J. & Qian, M. Law, Finance, and Economic Growth in China[J], Journal of Financial Economics, 2005, 77（1）: 57~116

5. Almeida, H., Murillo, C. & Weisbach, M. S. The Cash Flow Sensitivity of Cash[J], The Journal of Finance, 2004, LIX（4）:1777~1804

6. Antoci, A., Sacco, P. L. & Vanin, P. Economic Growth and Social Poverty: the Evolution of Social Participation[J], Bonn Econ Discussion Papers, 2001, （5）:13

7. Aoki, M. Toward a Comparative Institutional Analysis[M], Cambridge, MA: The MIT Press, 2001

8. Arrow, K. J. Observation on Social Capital[J], In Partha, D. & Ismail, S. （edit）Social capital: a multifaceted perspective[C], Washington, D.C.: Word Bank, 2000, 3~5

9. Astrachan, J., Klein, S. B. & Smymios, K. X. The F-PEC Scale of Family Influence: A Proposal for Solving the Family Business Definition Problem[J], Family Business Review, 2002, 5（15）: 45~59

10. Baker, M., Jeremy, C. S. & Wurgler, J. When Does the Market Matter? Stock Prices and the Investment of Equity-dependent firms[A], National Bureau of Economic Research, 2003, http://www.nber.org/papers/w8750

11. Baker, W., Achieving Success Through Social Capital [M], San Francisco, CA: Jossey-Bass, 2000

12. Baker, W. Market Networks and Corporate Behavior [J], American Journal of Sociology, 1990, 96:589~625

13. Barnes, L. B. & Simon A. H. Transferring Power in the Family Business [J], Harvard Business Review, 1976, 54（4）: 105~114

14. Becker, G. Investment in Human Capital: a Theoretical Analysis [J], Journal of Political Economy, 1962, 10: 9~49.

15. Becker, G. S. & Murphy, K. M. Social economics: market behavior in a Social Environment [M], Cambridge: The Belknap Press of Harvard University Press, 2000

16. Beckmann, V. & Roger, S. Courts and contract enforcement in Transition agriculture: theory and Evidence from Poland [J], Agricultural Economics, 2004, 31: 251~263

17. Begley, T. M., Khatri, N. & Tsang, E. W. Networks and cronyism: a Social Exchange Analysis[J], Asia Pacific Journal of Management, 2010, 27（2）: 281~297

18. Bian, Y. J. Bringing Strong Ties Back in: Indirect Ties, Network Bridges and Job Searches in China [J], American Sociological Review, 1997, 62（6）: 366~385

19. Bigsten, A., Collier, P. & Dercon, S., etal. Contract flexibility and Dispute Resolution in African Manufacturing [J], Journal of Development Studies, 2000, 36: 1~37

20. Bourdieu, P. Distinction: A Social Critique of the Judgment of Taste [M], Cambridge, MA: Harvard University Press, 1984

21. Bourdieu, P. The Forms of Capital [J], In Richardson, J. G.（Ed.） Handbook of theory and research for the sociology of education[C], New York: Greenwood Press, 1986, 241~258

22. Bourdieu, P. The Social Space and the Genesis of Groups [J], Social Science Information, 1985,（24）2: 195~220

23. Bowles, Samuel, & Herbert, G. Social Capital and Community Governance [J], The Economic Journal, 2002, 112（11）: 419~436

24. Brown, T. F. Theoretical Perspectives on Social Capital [D], John Hopkins University Working Paper, 1998

25. Bubolz, M. Family as Source, User, and Builder of Social Capital [J], Journal of Socio-Economics, 2001,（30）:129~131

26. Burt, R. S. Structural Holes [M], Cambridge: Harvard University press, 1992

27. Burt, R. S. The Network Structure of Social Capital [R],Research in Organizational Behavior, 2000,（22）, 345~423

28. Carney, M. The Many Futures of Asian Business Groups [J], Asia Pacific Journal of Management, 2008, 25: 595~613

29. Carr, J. C. & Michael, S. C. A Measure of Variations in Internal Social Capital among Family Firms [J], Entrepreneurship Theory and Practice, 2011, 11: 1207~1227

30. Carroll, M. C., & Stanfield, J. R. Social Capital, Karl Polanyi, and American Social and Institutional Economics [J], Journal of Economic Issues, 2003, 37（2）: 397~404

31. Castelfranchi, C., Rino, F. & Francesca. Being Trusted in a Social Network: Trust as Relational Capital [R], Lecture Notes in Computer Science,2006, 3986:19~32

32. Castiglione, D., Jan, W. & Guglielmo, W. The Handbook of Social Capital [M], New York: Oxford University Press, 2009

33. Chandler, A. D. The Visible Hand: the Managerial Revolution in American Business [M], Belknap Press, 1977

34. Chiles, T. H., Bluedorn, A. C. & Gupta, V. K. Beyond Creative Destruction and Entrepreneurial Discovery: A radical Austrian Approach to Entrepreneurship [J], Organization Studies, 2007, 28（7）: 467~493

35. Chua, J. H., James, J. C. & Pramodita, S. Defining the Family Business by Behavior [J], Entrepreneurship: Theory and Practice, 1999, 23（4）: 19~39

36. Chung, S., Singh, H. & Lee, K. Complementarity, status similarity and Social Capital as Drivers of Alliance Formation [J], Strategic Management Journal, 2000, 21（1）:1~22

37. Churchill, N. C. & Kenneth, J. H. Non-Market-Based Transfers of Wealth and Power: A Research Framework for Family Business [J], Family Business Review, 1997, 10（1）: 53~67

38. Clercq, D. D., Danis, W. M. & Dakhli, M. The moderating effect of Institutional Context on the relationship between associational activity and New Business Activity in Emerging Economies [J], International Business Review, 2010,（19）: 85~101

39. Clercq, D. D., Thongpapanl, N. & Dimov, D. When Good Conflict Gets Better and Bad Conflict Becomes Worse: the Role of Social Capital in the Conflict–innovation Relationship [J], Journal of the Academy of Marketing Science, 2009, 37（3）: 283~297

40. Coase, R. H. The Nature of the Firm [J], Economica, 1937, 4（16）: 386~405

41. Cohen, D. & Prusak, L. In Good Company: How Social Capital Makes Organizations Work [M], Boston, MA: Harvard Business School Press, 2001

42. Coleman, J. S. Foundations of social Theory[M], Cambridge: The Belknap Press of Harvard University Press, 1994

43. Coleman, J. S. Social capital in the Creation of Human Capital [J], American

Journal of Sociology, 1988,（94）: 95~121

44. Coleman, J. S. The Rational Reconstruction of Society [J], American Social. Review, 1993,（58）: 1~15

45. Collier, P. Social Capital and Poverty: A Microeconomic Perspective[A], in Grootaert, C. & Bastelaer, T.（eds） The Role of social Capital in Development: An Empirical Assessment[C], Cambridge: Cambridge University Press, 2002, 19~41

46. Cookson, G. Family Firms and Business Networks: Textile Engineering in Yorkshire, 1780~1830 [J], Business History, 1997, 39（1）: 1~20

47. Danis, W., Chiaburu, D. & Lyles, M. The Impact of Managerial Networking Intensity and Market-Based Strategies on Firm Growth During Institutional Upheaval: A study of small and medium-sized enterprises in a transition economy [J], Journal of International Business Studies, 2010, 41（2）: 287~307

48. Dasgupta, P. & Serageldin, I. Social capital: A Multifaceted Perspective [M], Washington, D.C.: The World Bank, 1999

49. Dasgupta, P. Economics of Social Capital [J], The Economic Record, 2005, 81（255）: 2~21

50. Dessí, R. & Ogilvie, S. Social Capital and collusion: the Case of Merchant Guilds [D], IDEI Working Paper, University of Naples Federico II, 2004

51. Dessí, R. & Ogilvie, S. The political economy of Merchant Guilds: Commitment or Collusion? [D], IDEI Working Paper, University of Naples Federico II, 2004

52. Dessí, R. & Piccolo, S. Two is Company, N is a Crowd? Merchant Guilds and Social Capital [D], IDEI Working Paper, University of Naples Federico II and CSEF, 2009

53. Dessí R, Piccolo S. Merchant guilds, taxation and social capital[J], European Economic Review, 2016, 83: 90~110.

54. Donckels, R. & Erwin, F. Are Family Businesses Really Different? European Experiences from STRATOS [J], Family Business Review, 1991, 4（2）: 149~160

55. Edwards, J. & Ogilive, S. Contract Enforcement, Institutions, and Social Capital: the Maghribi Traders Reappraised [J], Economic History Review, 2012, 65（2）:421~444

56. European Commission. Overview of family business relevant issues: Research, Networks, Policy Measures and Existing Studies [D], Final Roport of the Expert Group, 2009, http://ec.europa.eu

57. Fafchamps, M. Development and Social Capital [J], Journal of Development Studies, 2006, 42（7）:1180~1198

58. Field, J. Civic Engagement and lifelong learning: survey findings on Social

Capital and Attitudes Towards Learning [J], Studies in the Education of Adults, 2003, 35（2）:142~156

59. Filbeck, G. & Lee, S. Financial Management Techniques in Family Businesses [J], Family Business Review, 2000, 13（3）: 201~216.

60. Francois, P. & Zabojnik, J. Trust, Social Capital, and Economic Development [J], Journal of the European Economic Association, 2005, 3（1）: 51~94

61. Fukuyama, F. Social Capital and Civil Society [D], IMF Institute Working Paper, 1999, WP/00/74, http://www.aueb.gr/Users/kalyvitis/BoughtonIMFwp 02107

62. Fukuyama, F. Social Capital and Development: The coming agenda [J], SAIS Review, 2002, 22（1）: 23~37

63. Fukuyama, F. Social Capital and the Global Economy [J], Foreign Affairs, 1995, 74（5）:1~3

64. Fukuyama, F. Social Capital, Civil Society, and Development [J], Third World Quarterly, 2001, 22（1）: 7~20

65. Fukuyama, F. Trust: the Social Virtues and the Creation of Prosperity [M], NY: Free Press, 1996

66. Gaag, M. V. & Webber, M. Measurement of Individual Social Capital[A], in Kawachi, I. & Subramanian, S. V.（eds） Social capital and health [C], New York: Springer New York, 2008, 29~49

67. Gedajlovic, E. & Carney, M. Markets, Hierarchies, and Families: Toward a Transaction Cost Theory of the Family Firm [J], Entrepreneurship Theory and Practice, 2010, 34（6）: 1145~1172

68. Glaeser, E. L., Laibson, D. I. & Sacerdote, B. An economic approach to Social Capital [J], Economic Journal, 2002, 112（483）: 437~458

69. Glaeser, E. L., Laibson, D. I. & Scheinkman, J. A. Measuring Trust [J], The Quarterly Journal of Economics, 2000, 115（3）: 811~846

70. Gold, T. B. After Comradeship: Personal Relations in China Since the Cultural Revolution [J], The China Quarterly, 1985,（104）: 657~675

71. Goodman, B. Native Place, City, and Nation: Regional Networks and Identities in Shanghai, 1853~1937 [M], Berkeley: University of California Press, 1995

72. Granovetter, M. & Swedberg, R. The Sociology of Economical Life [M], Boulder, Colo: Westview Press, 1992

73. Granovetter, M. Economic Action and social structure: The Problem of Embeddedness [J], American Journal of Sociology, 1985, 91（3）: 481~510

74. Granovetter, M. The Impact of Social Structure on Economic Outcomes [J], Journal of Economic Perspectives, 2005, 19（1）: 33~50

75. Granovetter, M. The Strength of Weak Ties [J], American Journal of

Sociology, 1973, 78（6）: 1360~1380

76. Grassby, R. Kinship and Capitalism: Marriage, Family, and Business in the English-Speaking World, 1580~1740 [M], Cambridge: Cambridge University Press, 2001

77. Greif, A. M. Theory and recent Developments in the study of Economic Institutions Through Economic History [D], JEL Working Paper, 1995

78. Greif, A., Institutions and the Path to the modern economy: Lessons from Medieval Trade [M], Cambridge: Cambridge University Press, 2006

79. Greif, A., Milgrom, P. & Weingast, B. Coordination, Commitment, and Enforcement: the Case of the Merchant Guild [J], Journal of political economy, 1994, 102（4）: 745~776.

80. Gupta, V. K., Guo, C., & Canever, M. Institutional Environment for Entrepreneurship in Rapidly Emerging Major Economies: the Case of Brazil, China, India, and Korea [J], International Entrepreneurship and Management Journal, 2012, 10（2）:367~384

81. Habbershon, T. G., Williams, M. & MacMillan, I. C. A Unified Systems Perspective of family Firm Performance [J], Journal of Business Venturing, 2003, 18（4）: 451~465

82. Handler, W. C. Succession in Family Business: A Review of the Research [J], Family Business Review, 1994, 7（2）: 133~157

83. Hanifan, L. J. The Rural School Community Center [J], Annals of the American Academy of Political and Social Science, 1916,（67）: 130~138

84. Hitt, M. A., Lee, H. & Yucel, E. The Importance of Social Capital to the Management of Multinational Enterprises [J], Asia Pacific Journal of Management, 2002, 19（2）: 353~372

85. Hodgson, G. M. Competence and Contract in the Theory of the Firm [J], Journal of Economic Behavior & Organization, 1998, 35（2）: 179~201

86. Homans, G. C. Social Behavior: Its Elementary Forms [M], New York: Harcourt Brace Jovanovich, 1961

87. Hüppi, R. & Seemann, P. Social Capital: Securing Competitive Advantage in the New Economy [M], London: Prentice-Hall, 2001

88. Hwang, K. K. Face and Favor: the Chinese Power Game [J], American Journal of Sociology, 1987, 92（4）: 944~974

89. Herrero I, Hughes M, Larrañeta B. Analyzing the external social capital of family firms[C], Proceedings of the 16th Annual EURAM Conference. European Academy of Management, 2016.

90. Inglehart, R. Modernization and Postmodernization: Cultural, Economic, and political Change in 43 Societies [M], Princeton, NJ: Princeton Univ. Press, 1997

91. Ismail, K. M., Ford, D. L. & Wu, Q. Managerial Ties, Strategic Initiatives, and Firm Performance in Central Asia and the Caucasus [J], Asia Pacific Journal of Management, 2012, 30（2）:433~446

92. Jacobs, J. The Death and Life of great American Cities [M], New York: Vintage Books, 1961

93. James, F. Social Capital: A Conceptual History [J], Political Theory, 2004, 32（1）: 6~33

94. John, D. The Elementary School Record [M], University of Chicago Press, 1900

95. Kaplan, S. & Zingales, L. Do Financing Constraints Explain Why Investment is Correlated with Cash Flow? [J], Quarterly Journal of Economics, 1997,（112）: 169~216

96. Keefer, P. & Knack, S. Social capital, social norms and the new Institutional Economics [A], in Claude M, Mary M.（eds.）. Handbook of New Institutional Economics[C], Springer Berlin Heidelberg, 2005, 701~725

97. Klein, S. B. Family Businesses in Germany: Significance and Structure [J], Family Business Review, 2000, 13（3）: 157~182

98. Koka, B. R. & Prescott, J. E. Strategic Alliance as Social Capital: A Multidimensional View [J], Strategic Management Journal, 2002,（23）: 795~816

99. La Porta, R. Corporate Ownership Around The World [J], The Journal of Finance, 1999, 2（4）: 471~517

100. Lamont, O., Polk, C. & Saá-Requejo, J. Financial Constraints and Stock Returns [J], Review of Financial Studies, 2001, 14（2）: 529~554

101. Landry, R., Amara, N. & Lamari, M. Does Social Capital Determine Innovation? To What Extent? [J], Technological Forecasting and Social Change, 2002（69）: 681~701

102. Li, H. & Zhang, Y. The Role of managers」 political networking and Functional Experience in New Venture Performance: Evidence From China」s Transition Economy [J], Strategic Management Journal, 2007, 28（8）: 791~804

103. Lin, B. W., Li, P. C. & Chen, J. S.Social Capital, Capabilities, and Entrepreneurial Strategies: A study of Taiwanese High-Tech New Ventures [J], Technological Forecasting and Social Change, 2006, 73（2）: 168~181

104. Lin, N. Building A Network Theory of Social Capital[A], in Lin, N., Burt, R. S. & Cook, K.S.（eds.）Connections[C], 1999, 22（1）: 28~51

105. Lin, N. Social Capital: A Theory of Social Structure and Action [M], Cambridge: Cambridge Press, 2001

106. Lin, N., Paul, W. D. & Peter, G. Analyzing the Instrumental Use of Relations

in the Context of Social Structure [J], Sociological Methods & Research, 1978, 7（2）: 149~166

107. Lindsay, N. & McStay D. What Is a Family Business? Existence of the Family Dynamic in First Generation Family Owned Franchisee Businesses[D],University of South Australia, Working Paper,2004.

108. Littunen, H. & Hyrsky, K. The early entrepreneurial stage in Finnish Family and Nonfamily Firms [J], Family Business Review, 2000（1）: 41~54

109. Loury, G. C. A Dynamic Theory of Racial Income Differences[A], in Phyllis A.W. & Anette M. L.（eds.）,Women, Minorities, and Employment Discriminationp[C], Lexington: D.C. Heath & Company. 1977:153~186

110. Loury, G. The Economics of Discrimination: Getting to the Core of the Problem [J], Harvard Journal of African American Public Policy, 1992（1）: 91~110

111. Luo, J. D. Particularistic Trust and General Trust: A Network Analysis in Chinese Organizations[J], Management and Organization Review, 2005,1（3）: 437~58.

112. Luory, G. A. Dynamic Theory of Racial Income Differences[A], in Phvllis Wallace and Annette M. La Mond.（eds.）, Women, Minorities, and Employment Discrimination[C], Lexington, MA: Heath. 1977

113. Lyman, A. R. Customer Service: Does Family Ownership Make a Difference[J]? Family Business Review 1991, 4（3）: 303~324.

114. Macneil, I. R.（1980）. Essays on the Nature of Contract[J], South Carolina Central Law Journal, 10,159−200

115. Macneil, I. R. The Many Futures of Contracts[J], Southern California Law Review, 1974,（47）: 691~816.

116. Mandl, I. Overview of Family Business Relevant Issues Final Report [R], Austrian Institute for SME Research, 2008

117. Martti S. Two Concepts of Social Capital: Bourdieu vs. Putnam[C], Paper presented at ISTR Fourth International Conference, Trinity College, Dublin, Ireland, July 5-8, 2000

118. Massis D A & Kotlar J, Frattini F. Is Social Capital Perceived as a Source of Competitive Advantage or Disadvantage for Family Firms? An Exploratory Analysis of CEO Perceptions[J], Journal of Entrepreneurship, 2013, 22（1）:15~41.

119. Massis, D. A., Kotlar, J. & Frattini, F. Is Social Capital Perceived as a Source of Competitive Advantage or Disadvantage for family Firms? An exploratory analysis of CEO perceptions [J], Journal of Entrepreneurship, 2013, 22（1）: 15~41

120. Midgley J. Social Development: The Intellectual Heritage[J] .Journal of

International Development, 2003,15（12）: 831~844

121. Miguel, E., Gertler, P., & Levine, D. I. Does Social Capital Promote Industrialization? Evidence from a Rapid Industrializer[J], The Review of Economics and Statistics, 2005, 87（4）: 754~762

122. Moorman, C., Zaltman, G. & Deshpande, R. Relationships between Providers and Users of Market Research: The Dynamics of Trust Within and Between Organizations. Journal of Marketing Research[J], 1992,（XXIX）:314~328.

123. Nahapiet, J. & Ghoshal, S. Social Capital, Intellectual Capital, and the Organizational Advantage [J], Academy of Management Review, 1998（23）:242~266.

124. Nee, V. & Ingram, P. Embeddedness and Beyond: Institutions, Exchange and So- cial Structure[A], in M. Brinton and V. Nee,（eds.）,The new institutionalism in sociology[C], New York: Russell Sage Foundation, 1998, p. 19~45.

125. Nooteboom, B. Social Capital, Institutions and Trust[J], Review of Social Economy, 2007, 65（1）:29~53.

126. Nordqvist, M. & Zellweger, T. Transgenerational Entrepreneurship[M], Cheltenham, U.K.: Edward Elgar, 2010.

127. North, D. C. & Robert P. T. The Rise of the Western World: A new economic history[M], U.K.:Cambridge University Press, 1973

128. North, D. C. Economic Performance through Time[J], American Economic Review, 1994（84）:359~368.

129. North, D. C. Structure and Change in Economic History[M], New York: Norton, 1981.

130. North, D. C. Understanding the Process of Economic Change[M], Princeton:Princeton University Press, 2006.

131. North,D. C. Institutions, Institutional Change and Economic Performance[M], Cambridge: Cambridge University Press, 1990.

132. Ogilvie, S. Institutions and European Trade:Merchant Guilds[M], 1000–1800. Cambridge: Cambridge University Press. 2011

133. Ogilvie S. The economics of guilds[J], The Journal of Economic Perspectives, 2014, 28（4）: 169~192.

134. Ostrom E. & Ahn T. K. The Meaning of Social Capital and Its Link to Collective Action[A], in Svendsen, G. T. & Svendsen, G. L.（eds.）, Handbook of Social Capital [C], Northampton: Edward Elgar, 2009:17~35.

135. Ostrom E. A Behavioral Approach to the Rational Choice Theory of Collective Action[J], The American Political Science Review, 1998,92（1）: 1~22.

136. Ostrom E. Constituting Social Capital and Collective Action[J], Journal of

Theoretical Politics 1994,6（4）: 527~62.

137. Ostrom E. Foundations of Social Capital[M] ,U.K.:Edward Elgar Publishing Limited, 2003.

138. Ostrom E. Social Capital: A Fad or a Fundamental Concept?[A] , in Dasgupta, P. & Seraeldin, I.（eds.）, Social Capital: A Multifaceted Perspective[C], Washington, DC: The World Bank, 1999:172~214.

139. Ostrom, E. & Ahn, T.K. Introduction[A], in Ostrom, E. & Ahn,（eds.）, Foundations of Social Capital[M], Northampton: Edward Elgar Pub, 2003.

140. Ostrom, E. 「Social Capital: A Fad Or a Fundamental Concept.」 Social capital: A multifaceted perspective（2000）: 172~214.

141. Pearson, A. W., Carr, J. C & Shaw, J. C. Toward a Theory of Familiness: A Social Capital Perspective[J], Entrepreneurship Theory and Practice, 2008, 32（6）:949~69.

142. Peng, M. W. & Luo, Y. Managerial Ties and Firm Performance in a Transition Economy: The Nature of a Micro-Macro Link[J], Academy of management journal 2000, 43（3）:486~501.

143. Peng, M. W. & Zhou, J. Q. How Network Strategies and Institutional Transitions Evolve in Asia[J], Asia Pacific Journal of Management, 2005, 22（4）: 321~36.

144. Peng, M.W. Institutional Transitions and Strategic Choices[J], Academy of Management Review, 2003, 28（2）: 275~286

145. Peng, Y., Kinship Networks and Entrepreneurs in China's Transitional Economy[J]. American Journal of Sociology, 2004,109（5）:1045~1074.

146. Pennar, K. The Ties that Lead to Prosperity: The economic value of Social Bonds is Only Beginning to be Measured[J], Business Week, 1997（15）: 153~155.

147. Poder, T. What is Really Social Capital? A Critical Review[J], The American Sociologist, 2011（42）:341~367.

148. Polanyi, K. The Great Transformation[M], N.Y.: Farrar Rinehart, Inc., 1944.

149. Portes A. Social Capital: Its Origins and Applications in Modern Sociology [J],Annual Review of Sociology, 1998,（24）: 1~24.

150. Portes, A. & Landol, P. The Downside of Social Capital [J], The American Prospect.1996, 26（May~June）: 18~22.

151. Portes, A. Social Capital: Its Origins and Applications in Modern Sociology[J], Annual Review of Sociology, 1998, 24（1）: 1~24.

152. Portes, A., & Sensenbrenner, J. Embeddedness and immigration: Notes on the social determinants of economic action[J], American journal of sociology, 1993, 98（6）:1320~1350.

153. Powell, W. W. Neither Market nor Hierarchy: Network Forms of Organization[J], Research in Organizational Behavior, 1990（12）: 295~336.

154. Poza, E. J. What Constitutes a Family Business[A], in Poza E. J.（eds.）, Family Business[M], Boston: Cengage Learning Publisher, 2009.

155. Putnam .R. D., Leonardi R, & Nanetti .R.Y. Making Democracy Work: Civic Traditions in Modem Italy [M], Princeton :Princeton University Press, 1993

156. Putnam, R. D. Bowling Alone: America's Declining Social Capital[J], Journal of Democracy, 1995,6（1）:65~78.

157. Putnam, R. D. Bowling Alone: the Collapse and Revival of American Community[M], New York: Simon and Schuster, 2000.

158. Robin, P. & Richardson, D. Business Networking in the Industrial Revolution[J], The Economic History Review, 2001, 54（4）: 657~79.

159. Robison, L. J., Schmid, A. A., & Siles, M. E. Is Social Capital Really Capital?[J], Review of social economy, 2002,60（1）:1~21.

160. Routledge, B. R., & Von Amsberg, J. Social Capital and Growth[J], Journal of Monetary Economics, 2003,50（1）:167~193.

161. Schultz, T. W. Capital Formation by Education[J], The journal of political economy, 1960:571~583.

162. Scott, R. Institutions and Organizations[M], New York: Sage Publications. 1995.

163. Shanker, M. C., & Astrachan, J. H. Myths and realities: Family Businesses' Contribution to the US economy—A framework for Assessing Family Business Statistics[J], Family Business Review, 1996,9（2）:107~123.

164. Shipilov, A., & Danis, W. TMG social capital, strategic choice and Firm Performance[J], European Management Journal, 2006, 24（1）:16~27.

165. Siisiainen, M. Two concepts of Social Capital: Bourdieu vs. Putnam[J], International Journal of Contemporary Sociology, 2003,40（2）:183~204.

166. Simmel G. The Metropolis and Mental Life[A], in Wolff, K. H.（eds./transl.）, The Sociology of Georg Simmel, New York: Free Press. 1964[1903]: 409~24

167. Sobel, J. Can We Trust Social Capital?[J], Journal of Economic Literature, 2002（XL）:139~154.

168. Solow, R. M. But verify, Reviews the book 「Trust: The Social Virtues and the Creation of Prosperity」, by Fukuyama, F. [J], The New Republic, 1995（11）:36~39.

169. Solow, R. M. Notes on social Capital and Economic Performance[A], in Dasgupta, P. and Serageldin, I.（eds.）, Social Capital: A Multifaceted Perspective[C], Washington: World Bank Publications, 1999:6~10.

170. Sorenson, R. L. & Bierman, L. Family Capital, Family Business, and Free

Enterprise[J], Family Business Review, 2009,22（3）: 193~95.

171. Stam ,W., Arzlanian, S. & Elfring, T. Social capital of entrepreneurs and Small Firm Performance[J], Journal of Business Venturing, 2013,29（1）: 152~73.

172. Steier, L. Where Do New Firms Come From? Households, Family Capital, Ethnicity, and the Welfare Mix[J], Family Business Review, 2009（6）: 1~6.

173. Stiglitz J. E. Formal and Informal Institutions[A], in Dasgupta, P. and Serageldin, I.（eds.）, Social Capital: A Multifaceted Perspective[C], Washington: World Bank Publications, 1999: 59~68.

174. Sugden, R. Reciprocity: the Supply of Public Goods through Voluntary Contributions[J] , The Economic Journal, 1984（94）:772~787.

175. Sanchez-Famoso V, Maseda A, Iturralde T. The role of internal social capital in organisational innovation. An empirical study of family firms[J], European Management Journal, 2014, 32（6）: 950~962.

176. Tan, J., Li, S. & Xia, J. When Iron Fist, Visible Hand, and Invisible Hand Meet: Firm-Level Effects of Varying Institutional Environments in China[J], Journal of Business Research. 2007,（60）:786~794.

177. Tan, W. L., & Fock, S. T. Coping with Growth Transitions: The case of Chinese Family Businesses in Singapore[J], Family Business Review, 2001,14（2）:123~139.

178. Tonkiss, F. Trust, Social Capital and the Economy[A], in Tonkiss, F. & Passey, A.（eds.）,Trust and civil society[C], London: Macmillan Press, 2000.

179. Vogel, E. F. From Friendship to Comradeship: The Change in Personal Relations in Communist China[J], The China Quarterly, 1965,（21）:46~60.

180. White, H.C. Where Do Markets Come From[J], The American Journal of Sociology, 1981,87（3）:517~547.

181. Whyte, M. K. Who Hates Bureaucracy? A Chinese Puzzle[D], University of Michigan Woking Paper,337,1986.

182. William, H. & Sewell, J. A Theory of Structure:Duality, Agency,and Transformation[J], The American Journal of Sociology, 1992.98（1）:1~29.

183. Williamson, O. E. Markets and hierarchies[M], New York: Free Press. 1975.

184. Williamson, O. E. The Economic Institutions of Capitalism[M], New York, NY: Macmillan Inc. 1985.

185. Williamson, O. E. The economics of organization: The Transaction Cost Approach[J], American Journal of Sociology, 1981, 87（3）:548~577.

186. Williamson, O. E. The Lens of Contract: Private Ordering[J], The American Economic Review. 2002, 92（2）:438~43.

187. Williamson, O. E. The New Institutional Economics: Taking Stock, Looking

Ahead[J], Journal of economic literature, 2000, 38（3）: 595~613.

188. Williamson, O. E. Transaction-Cost Economics: The Governance of Contractual Relations[J], Journal of Law and Economics, 1979, 22（2）: 233~261

189. Wilson, W. J. When Work Disappears: The World of the New Urban Poor[M], New York: Knopf, 1996.

190. Wong, R. B. Transformations of China』S Post-1949 Political Economy in an Historical Perspective[J], Pacific Economic Review, 2008, 13（3）:291~307.

191. Woolcock, M. & Narayan, D. Social Capital: Implications for Development Theory, Research, and Policy[J], The World Bank Research Observer, 2000, 15（2）: 225~49.

192. Woolcock, M. Social Capital and Economic Development: Toward a Theoretical Synthesis and Policy Framework [J], Theory and Society, 1998（27）:151~208.

193. Woolcock, M. The Rise and Routinization of Social Capital, 1988~2008[J], Annual Review of Political Science, 2010, 13（1）: 469~487.

194. Xin, K & Pearce, J. Guanxi:Connections as Substitute for Formal Institutional Support[J], Academy of Management Journal, 1996,（39）:1641~1658.

195. Zhou, K. Z., Poppo, L. & Yang, Z. Relational Ties or Customized Contracts? An Examination of Alternative Governance Choices in China[J], Journal of International Business Studies, 2008,（39）: 526~534.

196. 奧爾森，集體行動的邏輯〔M〕，上海：三聯書店上海分店，1995。

197. 邊燕傑，城市居民社會資本的來源及作用：網絡觀點與調查發現〔J〕，中國社會科學，2004，(3)：136 ～147。

198. 邊燕傑，丘海雄，企業的社會資本及其功效〔J〕，中國社會科學，2000，(2)：87～99。

199. 邊燕傑，郝明松，二重社會網絡及其分佈的中英比較〔J〕，社會學研究，2013，(2)：006。

200. 邊燕傑，王文彬，張磊等，跨體制社會資本及其收入回報〔J〕，中國社會科學，2012，(2)：110～126。

201. 卜長莉，社會資本與社會和諧〔M〕，北京：社會科學文獻出版社，2005。

202. 布羅代爾，歷史和社會科學：長時段〔J〕，史學理論，1987（1958），(3)：119。

203. 蔡洪濱，周黎安，吳意雲，宗族制度、商人信仰與商幫治理：關於明清時期徽商與晉商的比較研究〔J〕，管理世界，2008，(08)：92。

204. 曹榮湘，走出囚徒困境：社會資本與制度分析〔C〕，上海：上海三聯書

店，2003。

205. 曹祥濤，郭熙保，社會資本與我國家族企業的發展〔J〕，武漢大學學報（哲學社會科學版），2003，（2）：212～216。

206. 鈔曉鴻，明清時期的陝西商人資本〔J〕，中國經濟史研究，1996，（1）：105～119。

207. 陳愛娟，常花，王小翠，企業家社會資本對企業績效的實證研究——以浙江民營企業爲例〔J〕，軟科學，2010，（8）：13～16。

208. 陳傳明，孫俊華，企業家人口背景特徵與多元化戰略選擇——基於中國上市公司面板數據的實證研究〔J〕，管理世界，2008，（5）：124～133。

209. 陳健，社會資本結構分析〔J〕，經濟研究，2007，（11）：104～111。

210. 陳健民，丘海雄，社團、社會資本與政經發展〔J〕，社會學研究，1999，（4）：66～76。

211. 陳聯，商人會館新論——以徽州商人會館爲例〔J〕，徽學，2000（00）：212～219。

212. 陳剩勇，馬斌，民間商會與地方治理：功能及其限度——溫州異地商會的個案研究〔J〕，社會科學，2007，（4）：58～71。

213. 陳剩勇，馬斌，溫州民間商會：一個制度分析學的視角〔J〕，浙江大學學報（人文社會科學版），2003，（3）：139～147。

214. 陳剩勇，馬斌，溫州民間商會：自主治理的制度分析——溫州服裝商會的典型研究〔J〕，中國制度變遷的案例研究，2006，（1）：588～637。

215. 陳爽英，井潤田，龍小寧，邵雲飛，民營企業家社會關係資本對研發投資決策影響的實證研究〔J〕，管理世界，2010，（1）：88～97。

216. 陳文慧，趙雲海，明清晉徽商信息管理方式之比較〔J〕，晉中學院學報，2013，（1）：76～78。

217. 陳曉紅，吳小瑾，中小企業社會資本的構成及其與信用水平關係的實證研究〔J〕，管理世界，2007，（1）：153～155。

218. 陳忠平，宋元明清時期江南市鎮社會組織述論〔J〕，中國社會經濟史研究，1993，（1）：33～38。

219. 陳宗勝，高連水，周雲波，基本建成中國特色市場經濟體制——中國經濟體制改革三十年回顧與展望〔J〕，天津社會科學，2009，（2）：73～80，93。

220. 程民選，關於社會資本概念的若干思考〔J〕，經濟學動態，2004，（6）：99～102。

221. 儲小平，華人家族企業的界定〔J〕，經濟理論與經濟管理，2004，（1）：49～53。

222. 儲小平，李懷祖，家族企業成長與社會資本的融合〔J〕，經濟理論與經濟管理，2003，（6）：45～51。

223. 儲小平，羅頭軍，信任與中美家族企業演變的比較及其啓示〔J〕，學術研究，2001，（5）：9～11。

224. 達斯古普特，撒拉格爾丁，社會資本：一個多角度的觀點〔M〕，北京：中國人民大學出版社，2005。

225. 戴維‧波普諾，社會學〔M〕，北京：中國人民大學出版社，1999。

226. 鄧建平，曾勇，政治關聯能改善民營企業的經營績效嗎〔J〕，中國工業經濟，2009，（2）：98～108。

227. 竇軍生，家族企業代際傳承中企業家默會知識和關係網絡的傳承機理研究〔D〕，博士學位論文，浙江大學，2008：202。

228. 樊綱，中華文化，理性化制度與經濟發展〔J〕，二十一世紀（香港），1994，（4）：65～69。

229. 范金民，清代江南會館公所的功能性質〔J〕，清史研究，1999，（2）：45～53。

230. 費爾南‧布羅代爾，資本主義論叢〔M〕，北京：中央編譯出版社，1997。

231. 費維愷，從比較看中國經濟史，載於美國學者論中國文化〔C〕，北京：中國廣播電視出版社，1994。

232. 費孝通，鄉土中國〔M〕，北京：生活‧讀書‧新知三聯書店，1985。

233. 馮劍輝，近代徽商地緣網絡研究——以上海同鄉組織爲例〔J〕，淮北煤炭師範學院學報（哲學社會科學版），2010，（1）：1～7。

234. 馮天麗，井潤田，制度環境與私營企業家政治聯繫意願的實證研究〔J〕，管理世界，2009，（8）：81～91。

235. 馮筱才，鄉親、利潤與網絡：寧波商人與其同鄉組織1911～1949〔J〕，中國經濟史研究，2003，（2）：63～73。

236. 弗蘭‧湯克斯，信任、網絡與經濟〔A〕，曹榮湘編，走出囚徒困境：社會資本與制度分析〔C〕，上海：三聯書店，2003：235～251。

237. 弗朗西斯‧福山，信任：社會美德與創造經濟繁榮〔M〕，海南：海南出版社，2001。

238. 傅衣凌，明清時代商人及商業資本〔M〕，北京：人民出版社，1956。

239. 耿新，張體勤，企業家社會資本對組織動態能力的影響——以組織寬裕爲調節變量〔J〕，管理世界，2010，（6）：109～121。

240. 郭斌，社會資本、組織慣例與終極股東控制——基於中國家族企業公司治理的實證研究〔J〕，財貿研究，2013，（5）：139～147。

241. 何歷宇，曹沛霖，資本主義：從社會契約論到社會資本論——論社會資

本概念在政治領域拓展的意義及其局限〔J〕，江蘇社會科學，2005，（1）：101～107。

242. 賀小剛，連燕玲，家族權威與企業價值：基於家族上市公司的實證研究〔J〕，經濟研究，2009，（4）：90～102。

243. 賀遠瓊，田志龍，陳昀，環境不確定性、企業高層管理者社會資本與企業績效關係的實證研究〔J〕，管理學報，2008，（3）：23～42。

244. 胡旭陽，民營企業家的政治身份與民營企業的融資便利——以浙江省民營百強企業爲例〔J〕，管理世界，2006，（5）：107～113。

245. 黃孟復，中國民營經濟發展報告 No.3（2005～2006）〔M〕，北京：社會科學文獻出版社，2007。

246. 黃孟復，中國民營經濟發展報告 No.3（2007～2008）〔M〕，北京：社會科學文獻出版社，2009。

247. 黃孟復，中國民營經濟發展報告 No.8（2010～2011）〔M〕，北京：社會科學文獻出版社，2012。

248. 吉爾伯特·羅茲曼，中國的現代化〔M〕，南京：江蘇人民出版社，2005。

249. 紀鶯鶯，文化、制度與結構：中國社會關係研究〔J〕，社會學研究，2012，（2）：60～85，243。

250. 簡·雅各布斯，美國大城市的死與生〔M〕，南京：譯林出版社，2006。

251. 姜翰，金占明，焦捷，馬力，不穩定環境下的創業企業社會資本與企業「原罪」——基於管理者社會資本視角的創業企業機會主義行爲實證分析〔J〕，管理世界，2009，（6）：102～114。

252. 姜南揚，論私營企業主的政治參與〔J〕，載於張厚義，明立志，中國私營企業發展報告（1978～1998）〔C〕，北京：社會科學文獻出版社，1999。

253. 金耀基，關係和網絡的建構：一個社會學的詮釋〔J〕，二十一世紀（香港），1992，（12）：143～157。

254. 臼井佐知子，何小剛，徽商及其網絡〔J〕，安徽史學，1991，（4）：18～24。

255. 劇錦文，企業的比較優勢與企業制度的選擇和變遷——以中國私營有限責任公司的發展爲例〔J〕，中國工業經濟，2008，（3）：67～75。

256. 樂國林，張玉利，毛淑珍，社會資本結構演變與我國家族企業發展演化〔J〕，當代財經，2006，（3）：65～69。

257. 李寶梁，從超經濟強制到關係性合意——對私營企業主政治參與過程的一種分析〔J〕，社會學研究，2001，（1）：63～75。

258. 李華，明清以來北京工商會館碑刻選編〔C〕，北京：文物出版社，1980。

259. 李惠斌，楊雪冬，社會資本與社會發展〔M〕，北京：社會科學文獻出版

社，2000。

260. 李科，徐龍炳，融資約束，債務能力與公司業績〔J〕，經濟研究，2011，（5）：61～73。

261. 李路路，社會資本與私營企業家——中國社會結構轉型的特殊動力〔J〕，社會學研究，1995，（6）：46～58。

262. 李路路，私營企業主的個人背景與企業「成功」〔J〕，中國社會科學，1997，（2）：134～146。

263. 李敏，論企業社會資本的有機構成及功能〔J〕，中國工業經濟，2005，（8）：81～88。

264. 李維安，周建，網絡治理：內涵、結構、機制與價值創造〔J〕，天津社會科學，2005，（5）：59～63。

265. 李新春，陳燦，家族企業的關係治理：一個探索性研究〔J〕，中山大學學報（社會科學版），2005，（6）：107～115。

266. 李新春，信任、忠誠與家族主義困境〔J〕，管理世界，2002，（6）：87～93，133～155。

267. 李新春，信任與企業成長方式的相機選擇〔J〕，經濟體制改革，2003，（1）：51～55。

268. 李新春，楊學儒，姜岳新，胡曉紅，內部人所有權與企業價值——對中國民營上市公司的研究〔J〕，經濟研究，2008，（11）：27～39。

269. 李英明，新制度主義與社會資本〔M〕，臺北：揚智文化事業股份有限公司，2005。

270. 李永強，楊建華，白璿，車瑜，詹華慶，企業家社會資本的負面效應研究：基於關係嵌入的視角〔J〕，中國軟科學，2012，（10）：104～116。

271. 李智超，羅家德，中國人的社會行為與關係網絡特質——一個社會網的觀點〔J〕，社會科學戰線，2012，（1）：159～164。

272. 梁漱溟，中國文化要義〔M〕，上海：學林出版社，1987。

273. 林南，社會資本：關於社會結構與行動的理論〔M〕，上海：上海人民出版社，2005。

274. 劉建生，燕紅忠，張喜琴，明清晉商與徽商之比較研究〔M〕，太原：山西經濟出版社，2012。

275. 劉林平，企業的社會資本：概念反思和測量途徑——兼評邊燕傑、丘海雄的《企業的社會資本及其功效》〔J〕，社會學研究，2006，（2）：204～216。

276. 劉芍佳，孫霖，劉乃全，終極產權論、股權結構及公司績效〔J〕，經濟研究，2003，（4）：51～62。

277. 陸銘，李爽，社會資本、非正式制度與經濟發展〔J〕，管理世界，2008，（9）：161～167。

278. 羅伯特，帕特南，獨自打保齡：美國社區的衰落與復興〔M〕，北京：北京大學出版社，2011。

279. 羅伯特·帕特南，王列譯，使民主運轉起來〔M〕，南昌：江西人民出版社，2001。

280. 羅黨論，劉曉龍，政治關係、進入壁壘與企業績效——來自中國民營上市公司的經驗證據〔J〕，管理世界，2009，（5）：97～106。

281. 羅家德，葉勇助，中國人的信任遊戲〔M〕，北京：社會科學文獻出版社，2007。

282. 羅納德·英格爾哈特，現代化與後現代化：43 個國家的文化、經濟與政治變遷，社會科學文獻出版社，2013。

283. 羅茲曼，中國的現代化〔M〕，上海：上海人民出版社，1989。

284. 馬得勇，社會資本：對若干理論爭議的批判分析〔J〕，政治學研究，2008，（10）：74～81。

285. 馬克斯·韋伯，新教倫理與資本主義精神〔M〕，北京：群言出版社，2007。

286. 馬汀·奇達夫，蔡文彬，社會網絡與組織〔M〕，北京：中國人民大學出版社，2007。

287. 馬歇爾，經濟學原理〔M〕，北京：華夏出版社，2005。

288. 潘必勝，中國的家族企業：所有權和控制權（1895～1956），北京：經濟科學出版社，2008。

289. 彭澤益，中國工商行會史料集〔C〕，北京：中華書局，1995。

290. 青木昌彥，比較制度分析〔M〕，上海：上海遠東出版社，2001。

291. 邱澎生，會館、公所與郊之比較〔J〕，載於林玉茹主編，比較視野下的臺灣商業傳統〔C〕，臺北：中央研究院臺灣史研究所，2012：267～313。

292. 全漢昇，中國行會制度史〔M〕，上海：新生命書局，1934 ；影印本，臺北：食貨出版社，1978。

293. 山西票號史料編寫組，山西票號史料〔C〕，太原：山西經濟出版社，2002：608。

294. 施天濤，公司法的自由主義及其法律政策——兼論我國《公司法》的修改〔J〕，環球法律評論，2005，27（1）：81～88。

295. 石軍偉，付海豔，企業的異質性社會資本及其嵌入風險——基於中國經濟轉型情境的實證研究〔J〕，中國工業經濟，2010，（11）：109～119。

296. 石軍偉，胡立君，付海豔，企業社會資本的功效結構：基於中國上市公司的實證研究〔J〕，中國工業經濟，2007，（2）：84～93。

297. 石秀印，中國企業家成功的社會網絡基礎〔J〕，管理世界，1998，（6）：187～196。

298. 宋時歌，權力轉換的延遲效應——對社會主義國家向市場轉變過程中的精英再生與循環的一種解釋〔J〕，社會學研究，1998，（3）：26～36。

299. 蘇啟林，朱文，上市公司家族控制與企業價值〔J〕，經濟研究，2003，（8）：36～45。

300. 孫俊華，陳傳明，企業家社會資本與公司績效關係研究——基於中國製造業上市公司的實證研究〔J〕，南開管理評論，2009，（2）：28～36。

301. 孫治本，家族主義與現代臺灣企業〔J〕，社會學研究，1995，（5）：56～65。

302. 唐力行，論徽商與封建宗族勢力〔J〕，歷史研究，1986，（2）：144～160。

303. 藤井宏，新安商人的研究〔J〕，載於江淮論壇編輯部，徽商研究論文集〔C〕，合肥：安徽省人民出版社，1985：193。

304. 田志龍，高勇強，衛武，中國企業政治策略與行為研究〔J〕，管理世界，2003，（12）：98～106，127～156。

305. 王保樹，有限責任公司法律制度的改革〔J〕，現代法學，2005，27（1）：39～45。

306. 王利明，物權法是一部什麼樣的法律〔J〕，理論參考，2007，（6）：13～14。

307. 王明琳，徐萌娜，王河森，利他行為能夠降低代理成本嗎？——基於家族企業中親緣利他行為的實證研究〔J〕，經濟研究，2014，（3）：144～157。

308. 王日根，鄉土之鏈：明清會館與社會變遷〔M〕，天津：天津人民出版社，1996。

309. 王霄，胡軍，社會資本結構與中小企業創新——一項基於結構方程模型的實證研究〔J〕，管理世界，2005，（7）：116～122。

310. 王小魯，余靜文，樊綱，中國分省企業經營環境指數 2013 年報告〔M〕，北京：中信出版社，2013。

311. 王志明，顧海英，社會資本與家族企業關係治理〔J〕，科學管理研究，2004，（4）：98～102。

312. 吳寶，李正衛，池仁勇，社會資本、融資結網與企業間風險傳染——浙江案例研究〔J〕，社會學研究，2011，（3）：84～105。

313. 吳慧，會館、公所、行會：清代商人組織演變述要〔J〕，中國經濟史研究，1999，（3）：113～132。

314. 吳炯，家族社會資本、企業所有權成本與家族企業分拆案例研究〔J〕，管理學報，2013，（2）：179～190。

315. 吳越，私營有限公司的百年論戰與世紀重構——中國與歐盟的比較〔M〕，北京：法律出版社，2006。

316. 肖鴻，試析當代社會網研究的若干進展〔J〕，社會學研究，1999，（3）：3～13。

317. 熊彼特，何畏譯，經濟發展理論〔M〕，北京：商務印書館，2011。

318. 熊秋紅，新中國司法建設六十年〔J〕，學習時報，2009，（10）：140～147。

319. 徐露輝，陳國權，社會轉型過程中私營企業主的政治參與〔J〕，社會科學戰線，2006，（6）：171～176。

320. 燕紅忠，明清晉商制度的基本模式與實現方式：自我實施與集體主義懲戒機制〔J〕，中國社會經濟史研究，2011，（3）：30～39。

321. 楊光飛，從「關係合約」到「制度化合作」：民間商會內部合作機制的演進路徑——以溫州商會爲例〔J〕，中國行政管理，2007，（08）：37～40。

322. 楊國樞，黃光國，楊中芳，華人本土心理學〔M〕，重慶：重慶大學出版社，2005。

323. 楊國樞，中國人的社會取向：社會互動的觀點〔A〕，載於楊國樞，余安邦主編，中國人的心理與行爲——理念與方法篇〔M〕，臺北：桂冠圖書，1992。

324. 楊海濱，杜佳，明清商人組織與市場網絡〔J〕，雲南大學學報（社會科學版），2013，12（3）：69～74。

325. 楊繼國，安增軍，企業理論的演進邏輯及其發展方向〔J〕，中國工業經濟，2004，（7）：94。

326. 楊雪冬，社會資本：對一種新解釋範式的探索〔J〕，載於李惠斌，楊雪冬主編，社會資本與社會發展〔C〕，北京：社會科學文獻出版社，2004。

327. 楊玉秀，家族企業代際傳承中的家族社會資本〔J〕，當代經濟管理，2014，36（8）：23～29。

328. 楊玉秀，企業家社會資本與家族企業代際傳承〔J〕，西安財經學院學報，2016，29（6）：115～121。

329. 姚偉，新自由主義經濟模式與新社會運動——一種社會資本視角的宏觀分析〔J〕，社會學研究，2004，（4）：18～23。

330. 游家興，劉淳，嵌入性視角下的企業家社會資本與權益資本成本：來自我國民營上市公司的經驗證據〔J〕，中國工業經濟，2011，（6）：109～119。

331. 余呈先，家族企業的社會資本視角分析〔J〕，學術論壇，2006，（2）：104～107。

332. 余明桂，回雅甫，潘紅波，政治聯繫、尋租與地方政府財政補貼有效性〔J〕，經濟研究，2010，（3）：65～77。

333. 余明桂，潘紅波，政治關係、制度環境與民營企業銀行貸款〔J〕，管理世界，2008，（08）：9～21。

334. 于蔚，政治關聯爲何降低企業績效——基於生產效率的解釋〔J〕，浙江社會科學，2016，（04）：4～14+155。

335. 張方華，知識型企業的社會資本與技術創新績效研究〔D〕，博士學位論文，浙江大學，2004。

336. 張海鵬，王廷元，徽商研究〔M〕，北京：人民出版社，2010。

337. 張海英，明中葉以後「士商滲透」的制度環境——以政府的政策變化爲視角〔J〕，中國經濟史研究，2005，（4）：130～139。

338. 張厚義，明立志，中國私營企業發展報告：1978～1998〔M〕，北京：社會科學文獻出版社，1999。

339. 張鈞，明清晉商與傳統法律文化〔M〕，北京：法律出版社，2006。

340. 張克中，社會資本：中國經濟轉型與發展的新視角〔M〕，北京：人民出版社，2010。

341. 張其仔，社會網絡與經濟生活世界的關係〔M〕，北京：社會科學文獻出版社，2002。

342. 張其仔，社會資本論：社會資本與經濟增長〔M〕，北京：社會科學文獻出版社，1997。

343. 張維迎，市場的邏輯〔M〕，上海：上海人民出版社，2010。

344. 張文宏，社會資本：理論爭辯與經驗研究〔J〕，社會學研究，2003，（4）：23～35。

345. 張文宏，中國社會網絡與社會資本研究 30 年（上）〔J〕，江海學刊，2011，（2）：104～112。

346. 張文宏，中國社會網絡與社會資本研究 30 年（下）〔J〕，江海學刊，2011，（3）：96～106。

347. 張祥建，郭嵐，政治關聯的機理、渠道與策略：基於中國民營企業的研究〔J〕，財貿經濟，2010，（9）：99～104。

348. 張玉利，任學鋒，小企業成長的管理障礙〔M〕，天津：天津大學出版社，2001。

349. 張正明，薛慧林，明清晉商資料選編〔M〕，太原：山西人民出版社，1989。

350. 張治軍，社會資本與家族企業成長——基於嵌入自我的觀點〔J〕，東嶽論叢，2011，（2）：151～154。

351. 趙延東，羅家德，如何測量社會資本：一個經驗研究綜述〔J〕，國外社會科學，2005，（2）：18～24。

352. 中國私營經濟年鑒（2000）〔M〕，北京：華文出版社，2000。

353. 中華全國工商業聯合會，中國商會發展報告 NO.11（2004）〔M〕，北京：社會科學文獻出版社，2005。

354. 中華全國工商業聯合會，中國私營企業大型調查（1993～2006）〔M〕，北京：中華工商聯合出版社，2007。

355. 周鴻勇，社會資本與中國家族企業成長研究〔J〕，中州學刊，2007，（3）：61～63。

356. 周立新，家族企業網絡演化：一個社會資本視角的分析〔J〕，求索，2006，（5）：9～12。

357. 周生春，曹建鋼，胡倩，中國歷史上的農本工商末思想與政府政策的擅變〔J〕，浙江大學學報（人文社會科學版），2004，34（2）：13～22。

358. 周生春，陳倩倩，家族商號傳承與治理制度的演變——以胡開文墨業「分產不分業」爲例〔J〕，浙江大學學報（人文社會科學版），2014，（03）：33～43。

359. 周生春，范燁，家族企業社會資本的雙重物品屬性及其產權問題〔J〕，浙江大學學報（人文社會科學版），2009，（7）：63～72。

360. 周生春，范燁，社會資本、治理結構與家族企業代理問題〔J〕，浙江社會科學，2008，（12）：7～13。

361. 周小虎，陳傳明，企業社會資本與持續競爭優勢〔J〕，中國工業經濟，2004，（5）：90～96。

362. 周小虎，企業理論的社會資本邏輯〔J〕，中國工業經濟，2005，（3）：84～91。

363. 祖強，經濟管理學從「邊緣」走向「前沿」——2009 年諾貝爾經濟學獎評析〔J〕，世界經濟與政治論壇，2010，（1）：137～146。